고대 이스라엘의 기원

THE RISE OF ANCIENT ISRAEL

허셜 섕크스(Hershel Shanks)

윌리엄 데버(William G. Dever)

바룩 할퍼른(Baruch Halpern)

카일 맥카터(P. Kyle McCarter, Jr.)

고대 이스라엘의 기원

THE RISE OF ANCIENT ISRAEL

한국신학연구소

고대 이스라엘의 기원
THE RISE OF ANCIENT ISRAEL

초판 1쇄 발행/ 2008년 9월 20일
초판 2쇄 발행/ 2021년 9월 10일

강연/ 허셜 섕크스(Hershel Shanks)   바룩 할퍼른(Baruch Halpern)
　　　윌리엄 데버(William G. Dever)   카일 맥카터(P. Kyle McCarter, Jr.)
번　역/ 강승일
펴낸이/ 김성일
펴낸곳/ 한국신학연구소

등록/ 1973년 6월 28일 제 300-2002-10호
주소/ 서울시 서대문구 경기대로 55 선교교육원 내
전화/ 02)738-3265　팩스/ 02)738-0167
E-mail / ktsi@chollian.net, amigo386@daum.net
홈페이지/ http://ktsi.or.kr

이 책의 한국어판 저작권은 Biblical Archaeology Society(성서고고학회)와의
독점 계약으로 한국신학연구소가 소유합니다.
저작권법에 따라 보호를 받는 저작물이므로 무단 전제와 무단 복제를 금합니다.

THE RISE OF ANCIENT ISRAEL
Symposium at the Smithsonian Institution October 26, 1991.
Lecturers
Hershel Shanks, Baruch Halpern, William G. Dever, P. Kyle McCarter, Jr.

Copyright©1992 Biblical Archaeology Society, Washington, D.C., U.S.A.
This translation of *The Rise of Ancient Israel*, originally published in English in 1992, is published by arrangement with Biblical Archaeology Society.

값 12,500원

ISBN 978-89-487-0324-5　93230

파본은 교환해 드립니다.

목차 · CONTENTS

저자소개 • 6

첫 번째 강의

과연 무엇이 문제인가? 현재까지 알려진 사실들

허셜 섕크스(Hershel Shanks) • 9

두 번째 강의

이스라엘인과 가나안인을 어떻게 구별할 수 있을까?

윌리엄 데버(William G. Dever) • 47

세 번째 강의

출애굽, 사실인가 신화인가?

바룩 할퍼른(Baruch Halpern) • 123

네 번째 강의

이스라엘 종교의 기원

카일 맥카터(P. Kyle McCarter, Jr.) • 161

패널 토의 • 193

THE RISE OF ANCIENT ISRAEL
고대 이스라엘의 기원

허셜 섕크스
(Hershel Shanks)

*Biblical Archaeo-logy Review*와 *Bible Review*의 창시자요 편집자이다. 그는 성서시대의 예루살렘에 대한 안내서인 *The City of David* (Bazak, 1973)과 고대 유대교의 회당들의 발전 과정을 추적하는 *Judaism in Stone* (Harper & Row, 1979)의 저자이기도 하다. 그가 편집한 책들로는 벤자민 마자르(Benjamin Mazar)교수와 공동으로 작업한 *Recent Archaeology in the Land of Israel* (Israel Exploration Society, 1984), *Ancient Israel: A Short History From Abraham to the Roman Destruction of the Temple* (Prentice-Hall, 1988), 두 권으로 구성된 *Archaeology and the Bible: The Best of Biblical Archaeology Review* (BAS, 1990), *The Dead Sea Scrolls: After Forty Years* (BAS, 1991), 그리고 *Understanding the Dead Sea Scrolls* (Random House, 1992) 등이 있다. 하버드 법대의 졸업생인 그는 또한 법률적 문제에 관해서도 많은 글을 출판하였다.

바룩 할퍼른
(Baruch Halpern)

펜실바니아 주립대(Pennsylvania State University)의 고대역사 및 종교학 교수이며, 유대학 학과장이다. *The First Historians-The Hebrew BIble and History* (Harper & Row, 1988), *The Emergence of Israel in Canaan* (Scholars Press, 1983), *The Constitution of the Monarchy in Israel* (Scholars Press, 1981), *David's Secret Demons: Messiah, Murderer, Traitor, King* (Eerdmans, 2001)의 저자인 그는 현재 Anchor Bible Reference Library 시리즈에서 출판될 고대 이스라엘의 역사를 저술중이다.

THE RISE OF ANCIENT ISRAEL
고대 이스라엘의 기원

아리조나 대학교의 고대근동 고고학 교수이다. 그는 1971년부터 1975년까지 예루살렘에 있는 William Foxwell Albright Institute of Archaeological Research의 소장을 역임했다. 그는 게제르(Gezer)에서 1966년부터 1971년까지 그리고 1984년, 이렇게 여섯 시즌 동안 연속으로 발굴을 주도했다. 그는 *Annual of the American Schools of Oriental Research*의 편집자이며 *Recent Archaeological Discoveries and Biblical Research* (University of Washington Press, 1990)를 저술했고, 세이무어 기틴(Seymour Gitin)과 함께 *Recent Excavations in Israel: Studies in Iron Age Archaeology* (American Schools of Oriental Research, 1989)을 공동으로 편집했다. 그의 최근 저작들로는 *What Did the Biblical Writers Know and When Did They Know It?* (Eerdmans, 2001), *Who Were the Early Israelites and Where Did They Come From?* (Eerdmans, 2003), *Did God Have a Wife? Archaeology and Folk Religion in Ancient Israel* (Eerdmans, 2005) 등이 있다.

윌리엄 데버
(William G. Dever)

존스홉킨스 대학교의 고대근동학과에서 William Foxwell Albright 석좌교수로 재직중이다. 1985년에 존스홉킨스로 오기 전까지 그는 버지니아 대학교(University of Virginia)에서 11년간 가르쳤다. 그는 Anchor Bible시리즈에서 출판된 사무엘 상하 주석서의 저자이며, *Ancient Inscriptions: Voices from the Biblical World* (BAS, 1996)을 저술하였다. 그는 현재 Hermeneia 시리즈에서 출판될 여호수아서 주석을 집필중이다.

카일 맥카터
(P. Kyle McCarter, Jr.)

제 1 강

과연 무엇이 문제인가?
현재까지 알려진 사실들
(Defining the Problems: Where We Are in the Debate)

허셜 섕크스(Hershel Shanks)

제 1 강

과연 무엇이 문제인가?
현재까지 알려진 사실들
(Defining the Problems: Where We Are in the Debate)

허셜 섕크스(Hershel Shanks)

오늘 우리는 성서학에서 현재 가장 중요한 논쟁거리가 되고 있는 주제, 즉 고대 이스라엘의 등장(rise), 또는 좀 더 학자들이 선호하는 그럴 듯한 단어로, 고대 이스라엘의 출현(emergence)에 대한 세 명의 세계적인 학자들의 견해를 듣게 될 것입니다.

이스라엘을 이루게 된 사람들이 언제, 어디서 왔을까요? 어떠한 과정을 통하여 그들이 하나의 국가를 이루게 되었을까요? 그들의 종교적 뿌리는 무엇이었을까요? 그들은 어떻게 그들의 신 야훼를 발견하게 되었을까요?

수많은 학자들이 이러한 문제들을 가지고 씨름해 왔습니다. 이 문제들에 대한 서로 매우 다른 견해들이 상충하고 있기도 합니다. 오늘 강연하실 분들은 이 주제에 있어서 선도자적 위치에 있는 학자들입니다. 오늘 우리는 이들에게서 과연 학자들 간에 이 문제에

THE RISE OF ANCIENT ISRAEL
고대 이스라엘의 기원

관한 의견의 일치가 이루어지고 있는지 들어보려고 합니다.

제 역할은 단순히 오늘의 주제의 개괄적 내용을 소개해서, 청중 여러분들이 기본적 내용을 숙지하고 난 후에 제 뒤에 강연할 학자들이 곧바로 자신들의 주제로 뛰어들 수 있도록 하는 것입니다. 여러분 중에 많은 분들은 아마도 제가 말하는 것이 초보적인 수준의 것이라고 느낄 수도 있습니다. 또 어떤 분들에게는 그렇지 아니할 것입니다. 그래도 저는 여러분 모두에게 최근의 정보들을 전달하고자 합니다.

제 강연이 끝날 즈음에는 아마 여러분들은 어려움 없이 후기 청동기시대와 철기 1기 시대를 구분할 수 있을 것입니다(웃음). 농담이었습니다. 여러분들은 정말로 제가 강연을 마치고 나면, 메르넵타 비문(Merneptah Stele)이 무엇인지, 네 개의 방으로 구성된 집(four-room house)이 무엇을 의미하는지, 목깃이 장식된 단지(collared-rim jar)가 무엇인지, 그리고 이스라엘이 가나안에 등장하게 된 기존의 세 가지 가설에 대하여 알 수 있을 것입니다.

저는 또한 여러분들이 보다 전반적인 내용을 이해해서, 다음 세 명의 강연자들이 좀 더 상세한 논의를 할 수 있도록 약간의 배경 지식을 제공하려고 합니다.

그러는 중에 저는 성경 본문과 고고학 자료들의 내용을 엮어가면서 논의하게 될 것입니다. 몇몇 여러분들이 아시다시피 저는 논쟁을 싫어하지요(웃음). 그래서 저는 대부분의 학자들이 동의하는 명백한 내용들만 말하고자 합니다. 그러므로 제가 이제 말하는 것들은 여러분들이 받아들이셔도 괜찮을 것입니다. 다음 강연자들이 이야기할 때, 여러분들은 보다 논쟁적이고 불확실한 연구결과들을 듣게 될 것입니다(웃음).

자, 그럼 성경으로부터 시작해 봅시다.

THE RISE OF ANCIENT ISRAEL

허셜 섕크스 · 과연 무엇이 문제인가? 현재까지 알려진 사실들

성경은 세상의 창조로 시작하며, 그 이후 창세기의 처음 열 장에서 노아와 그의 가족을 제외한 나머지 모두가 홍수에서 죽임을 당하는 세상의 역사를 기술합니다. 훌륭한 사람들로 가득찬 세상을 만들어 보고자 했던 하나님의 첫 시도는 실패했습니다.

그래서 하나님은 처음 세상을 멸망시키고, 모든 것을 새로 시작합니다. 홍수 이야기에서 절정을 이루는 창세기의 이 처음 장들은 이스라엘과는 하등의 상관이 없습니다. 사실, 이 이야기는 훌륭한 사람들을 창조하고자 하는 두 번째 시도와 대조를 이룹니다. 하나님은 이번에는 한 가족을 선발합니다. 하나님은 바로 첫 히브리인인 아브라함의 가족에 집중합니다. 창세기의 나머지 장들은 바로 이 가족의 이야기입니다. 아브라함과 그의 아내 사라, 그들의 아들 이삭과 그의 아내 리브가, 그들의 아들 야곱과 그의 아내들인 라헬과 레아, 그리고 마지막으로 이스라엘의 열 두 지파를 이루게 되는 야곱의 열 두 아들들의 이야기입니다. 가나안에 기근이 닥쳤을 때, 그들은 이집트로 가서 나일 삼각주 지역에 정착하지요. 다행히도 그들 가운데 한 아들은 어려운 환경 속에서도 나머지 형제들보다 먼저 이집트에 가서 파라오에 다음가는 높은 자리를 차지하게 됩니다.

이스라엘이 하나의 민족, 또는 적어도 민족이라고 부를 만큼 많은 수가 된 것은 바로 이집트에서였습니다. 이집트에서 그들의 수가 늘어나다가, 결국에는 "요셉을 알지 못하는" 한 파라오에 의해 노예들이 되어버립니다. 마침내, 그들은 모세라는 사람의 인도를 따라 이집트를 탈출하게 됩니다. 그렇게 그들의 40년간의 광야생활이 시작됩니다. 그 와중에 그들은 시내, 또는 호렙이라고 불리는 곳에서 하나님의 현현을 경험합니다. 거기서 하나님은 그들이 지켜야 할 율법을 알려주시지요. 그들은 하나님과 계약을 맺고, 하나님의 법에 순종하기로 서약하며, 대신에 그들은 하나님의 민족이

THE RISE OF ANCIENT ISRAEL
고대 이스라엘의 기원

되어 하나님이 주시는 은총의 수혜자가 됩니다. 광야에서의 40년이 지난 후, 그들은 마침내 약속의 땅으로 들어가게 됩니다.

이쯤 되어서 성경은 그들이 약속의 땅을 어떻게 쟁취하였는가에 대하여 두 가지 상이한 내용을 담고 있습니다. 첫 번째 내용은 민수기와 여호수아서의 마지막 부분에 있습니다. 두 번째 약간 다른 내용이 사사기에 기록되어 있습니다.

여호수아서의 기록에 따르면 이스라엘 사람들은 5년도 채 안 되는 짧은 기간 내에 군사력으로 그 땅을 정복합니다. 이 과정에서 여러 가나안 족속들이 패배를 당합니다: "이와 같이 여호수아가 온 땅 곧 산지와 남방과 평지와 경사지와 그 모든 왕을 쳐서 하나도 남기지 아니하였다"(여호수아 10:40). 이들이 승리한 후, 요단강 서편의 땅은 이스라엘 부족들에게 배분됩니다.

사사기의 내용은 이와는 사뭇 다릅니다. 우선, 순서가 뒤바뀌었습니다. 사사기에서는 땅의 분배가 먼저 나오고, 그 다음에 이스라엘 사람들이 가나안 땅을 정복하려고 시도합니다. 사사기에서는 여호수아서에서처럼 "모든 이스라엘"이 통일적으로 땅을 정복하지 않습니다. 사사기에서는 개개의 부족이나 그와 관련된 몇몇 그룹들만이 땅을 정복하기 위한 노력을 경주하는 것으로 묘사됩니다.

그리고 무엇보다도 사사기의 기록에 의하면 결코 가나안 땅 전체가 정복되는 것이 아닙니다. 사실 사사기 1장에는 정복되지 아니한 20개의 도시들의 이름이 나옵니다. 이 도시들 중에는 예루살렘, 게제르, 므깃도, 타아낙, 벳샨, 벳세메스 등이 있습니다(사사기 1:21, 27-33). 이들은 가나안에서 가장 중요한 도시들이었습니다. 그러므로 여호수아서와 사사기와의 내용상의 차이는 무척 크다고 할 수 있지요.

사사기에 나오는 사건들은 여호수아가 죽은 이후에 일어나는 것이어야 하므로, 이 두 책들 사이의 차이점들이 조화를 이루기

THE RISE OF ANCIENT ISRAEL

허셜 섕크스 · 과연 무엇이 문제인가? 현재까지 알려진 사실들

위해서는 다음과 같이 생각해 봐야 합니다. 즉, 여호수아에 기록된 내용은 다소 과장된 것이고, 군사적 정복들도 사실은 기록된 것처럼 광범위한 것은 아니었다고 말입니다.

여하튼, 사사기의 기록에 따르면 가나안 정복은 오랜 기간에 걸쳐 이루어진 것임이 분명합니다. 좀 더 상세하게 성경을 읽어보면 여호수아서에도 이와 같은 내용에 대한 단서들이 있습니다.

이 기간에는 이스라엘 사람들은 여러 가나안 족속들의 위협을 받았습니다. 그러나 사사라고 불리는 카리스마를 지닌 군사적 지도자들이 일어나서 그들을 구하곤 했지요. 그러나 종국에는 이러한 부족 연합체로는 블레셋의 위협을 당해낼 수가 없었습니다. 좀 더 조직적인 체제가 필요했지요. 그래서 사람들은 왕을 요구하게 됩니다. 그리고 그들의 요구대로 사울이 왕이 되지요. 그러나 그의 통치는 궁극적으로는 실패였습니다. 사울을 대신해서 이스라엘의 가장 뛰어난 왕 다윗이 왕이 되고, 그의 통치 기간 동안 이스라엘은 진정한 국가가 됩니다.

이것이 간단히 추린 성경의 이야기입니다.

20세기까지 이스라엘의 가나안 땅에서의 등장은 거의 항상 성경이 묘사하는 바대로 "가나안 정복"이라고 불려왔습니다. 그리고 제2차 세계대전 이후까지도 고고학적 자료들이 이를 뒷받침할 수 있다고 믿었었지요. 한때는 성경을 문자적으로 사실이라고 믿는 사람들이 자신들의 견해를 주장하기 위해 고고학을 많이 활용하기도 했습니다.

이를 설명하려면 성서학의 역사를 간단히 소개해야 합니다. 19세기에 역사비평적 성서학이 태동하기 시작했습니다. 이에 가장 큰 영향을 끼친 사람으로 보통 기이한 천재로 알려진 율리우스 벨하우젠(Julius Wellhausen)을 꼽습니다. 그는 오경을 네 개의 자료로 나눔으로써 성경문자주의자들에게 도전하였습니다. 이 네 자

THE RISE OF ANCIENT ISRAEL
고대 이스라엘의 기원

율리우스 벨하우젠(Julius Wellhau-sen). 기이한 천재였던 이 19세기(1844-1918)의 독일 학자는 오경이 네 개의 문학자료들로 구성되어 있다고 주장함으로써 근대 성서학의 길을 열었다. 그가 말한 네 개의 문학자료는 J(야휘스트), E(엘로히스트), P(제사장계 문서), D(신명기계 문서)이다. 그에 의하면 편집자(R)가 이들 문서들을 결합하고 편집했다. 벨하우젠의 이론에 맞서기 위해 성경문자주의자들은 고고학을 들고 나왔다. 성경이 인간에 의해 인간역사 속에서 기록되었다는 견해가 20세기 전반의 학자들 사이에서 대세가 되어가면서, 새로 등장하기 시작한 고고학 분야도 성경의 기본 교의를 입증할 수 있을 것처럼 보였다. 즉, 고고학자들이 여러 발굴장소에서 여호수아서에 기록된 대로 이스라엘의 급속한 가나안 정복을 입증해 줄 만한 파괴의 흔적들을 발견했던 것이다.

료들은 일반적으로 J, E, D, P로 불립니다. J는 야휘스트(Yahwist, 독일어로는 Jahwist), E는 엘로히스트(Elohist), P는 제사장문헌(Priestly), 그리고 D는 신명기계(Deuteronomist)를 가리킵니다. 일반적으로 R(redactor)이라고 부르는 한 편집자가 이 자료들을 한데 엮은 것입니다.

성경문자주의자들에게는 이러한 내용들은 무척 언짢은 것이었습니다. 그리고 20세기 초반이었던 이 당시 고고학이 그들의 구원자로 등장합니다. 간단히 말하자면 발굴이 이루어지는 곳마다 고고학자들은 이스라엘의 가나안 정복을 뒷받침해 줄 고고학적 단층을 찾았다고 주장하였던 것입니다.

글쎄요...... 고고학은 이제 더 이상 고전적 의미에서의 가나안 정복을 지지해주는 버팀목이 아닙니다. 이스라엘의 가나안 정복의 결과라고 단언할 수 있을 만한 그러한 일련의 파괴의 흔적들은

THE RISE OF ANCIENT ISRAEL

허셜 섕크스 · 과연 무엇이 문제인가? 현재까지 알려진 사실들

더 이상 없습니다. 최근들어 고고학에서도 많은 발전이 이루어져서 이전보다 더 정확하게 연대를 측정할 수 있게 되었고, 또한 더 많은 지역에서 발굴이 이루어졌습니다. 그 결과, 이제는 고고학이 이스라엘이 군사적 정복을 통하여 가나안에 들어왔다는 주장을 지지하지 못하게 되었습니다.

여리고나 아이 같은 지역은 여호수아가 가나안을 정복했다고 주장하는 시대에는 사람이 살지 않았던 것으로 밝혀졌습니다. 이스라엘이 정복했다고 성경에 기록된 다른 곳들, 예를 들어 기브온 같은 곳들은 파괴의 흔적이 없습니다. 그보다 중요한 것은 소위 파괴의 흔적이 있다고 알려진 장소들의 연대를 맞추어보려고 시도하면, 그게 잘 되지가 않습니다. 파괴된 때의 시기와 그 경로가 맞지가 않는다는 것이죠. 사실 파괴의 흔적은 이스라엘 사람들 때문만이 아니라 여러 다른 이유의 결과일 수도 있습니다. 그러므로

알브레히트 알트(Albrecht Alt, 1883-1956). 독일인 성서학자로 고대 이스라엘인들이 가나안을 군사력으로 정복한 것이 아니라 평화적으로 가나안의 중앙산간지역에 침입해 들어갔다고 주장하였다. 이스라엘인들은 그 후에 더 비옥하고 선호할 만한 하구와 평야지역에 정착해 있던 가나안인들과 충돌을 일으켰다. 이전의 개개의 발굴지에 집중했던 방식에서 벗어나 광범위한 지역을 동시에 살펴보는 최근의 고고학적 연구들에 의하면, 가나안의 중앙산간지역은 후기 청동기시대(기원전 1550-1200)에는 거의 사람이 살지 않았다. 그러나 이스라엘이 등장하기 시작한 철기 1기(기원전 1200-1000)에 들어와서는 이 지역에 200개 이상의 새로운 거주지가 급격하게 생겨났다. 평화적 침입설을 지지하는 사람들은 새로운 사람들, 즉 이스라엘인들이 기원전 1200년경에 중앙산간지역에 들어왔다고 보고 있다.

THE RISE OF ANCIENT ISRAEL
고대 이스라엘의 기원

가나안 정복설은 점차로 지지를 잃게 되었습니다.

성급하게 주장하기를 좋아하는 많은 현대의 학자들은 단순히 이스라엘의 가나안 정복설을 별 의미없는 것으로 치부해 버렸습니다. 그러나 제 충고는 그렇게 쉽게 정복설을 버리지 말라는 것입니다. 제가 나중에 이 문제에 대해서 설명을 하겠습니다.

가나안 정복설의 문제점들이 드러났을 때, 많은 학자들은 두 번째 가설, 즉 소위 평화적 침입설을 지지하게 되었습니다. 이 학설은 일반적으로 저명한 독일의 성서학자 알브레히트 알트(Albrecht Alt)의 주장으로 알려져 있습니다. 이 이론에 의하면, 이스라엘이 정착한 곳으로 알려진 가나안의 중앙산간지역은 이스라엘이 가나안에 들어갈 당시 거의 사람이 살지 않았다는 것입니다. 그러므로 이스라엘인들은 평화롭게 이 지역에 들어갈 수 있었다는 것이지요. 이 이론을 따르는 학자들은 자연히 사사기에서 증거를 찾으려고 합니다. 하지만 이 이론은 부분적으로 이스라엘이 가나안에서 세력을 넓혀가면서 가나안 사람들과 충돌을 일으켰다는 내용을 포함하고 있습니다. 다시 말해, 더 비옥한 하구나 평야 지역은 가나안 사람들이 이미 차지하고 있었다는 것입니다. 그리고 이들과 이스라엘 간의 약간의 군사적 충돌이 있었다는 것이지요. 하지만 근본적으로는, 이는 후의 일이고 초기의 가나안 정착은 평화롭게 이루어졌다는 것이 이 이론의 핵심입니다.

현재의 고고학은 이 이론을 상당부분 뒷받침해주고 있습니다. 특히 중앙산간지역의 거주양식에 있어서 말이지요.

고고학의 현황을 잠시 살펴봅시다. 고고학자들은 문화적 단절이 이루어지는 시기를 기준으로 시대를 구분합니다. 문화적으로 그리고 유물에서 차이점이 있거나 급격한 단절이 나타난다면 시대를 구분하게 되지요. 우리의 경우 꼭 그런 것은 아니지만, 어쨌든 시대를 구분하긴 해야 합니다. 우리의 관심사는 청동기와 철기

THE RISE OF ANCIENT ISRAEL

허셜 섕크스 · 과연 무엇이 문제인가? 현재까지 알려진 사실들

시대입니다. 이 이름들은 그 시대에 주로 사용되던 금속이 무엇이냐에 따라 붙여진 것들입니다. 사실 이것도 꼭 그렇지만은 않지만, 그렇다고 해도 이 시기들의 명칭을 이제와서 바꾸기에는 너무 늦었습니다(웃음). 몇가지 이유로 청동기시대는 초기, 중기, 후기로, 철기 시대는 철기 1기와 2기로 나눕니다. 왜 나누는 방식과 명칭이 서로 다른지는 저도 모르겠습니다.

우리가 주로 다룰 시기는 후기 청동기시대와 철기 1기입니다. 바로 청동기에서 철기로 넘어가는 단계이지요. 고고학자들은 후기 청동기와 철기 1기의 시대구분에 대해 의견의 일치를 본 상태입니다. 후기 청동기시대는 기원전 1550년에서 1200년까지이고, 철기 1기는 기원전 1200년부터 시작합니다. 언제까지 지속되는지에는 약간 이견이 있지만, 저는 기원전 1000년까지를 철기 1기로 부르겠습니다. 왜냐하면 대충 이때가 다윗의 통치가 시작될 시기였고 이스라엘의 왕정체제가 수립되기 시작하던 때였기 때문입니다. 그러므로 청동기에서 철기로 넘어가는 시기는 기원전 1200년경이라고 할 수 있겠습니다. 그리고 이때가 바로 이스라엘이 가나안에 등장하기 시작한 때입니다. 그리고 철기 1기를 지나 철기 1기의 마지막에 이르러서는 왕정시대로 이어지게 됩니다.

고고학 방법론에 있어서 최근의 발전 중의 하나는 고고학적 탐사방법에서 찾을 수 있습니다. 여러분들 모두 텔(tell, 언덕)이 무언지 아시지요. 땅속에 묻힌 옛 도시의 흔적들이 여러 다른 지층으로 남아있는 것을 말합니다. 고고학 탐사에서 땅에 묻힌 도시를 발굴해 내는 대신에, 고고학자들은 더 광범위한 지역의 표면을 탐사하며 옛 사람들이 살았던 흔적이 있는지 살펴봅니다. 때로 작은 유적지를 발굴하기도 하지만 커다란 유적지의 발굴은 거의 하지 않습니다. 이러한 고고학적 탐사방법의 결과는 때로 놀랍습니다.

이러한 연구의 결과로 후기 청동기에는 가나안의 중앙산간지대

THE RISE OF ANCIENT ISRAEL
고대 이스라엘의 기원

에 거의 사람이 살지 않았다는 사실을 알게되었습니다. 이는 알트의 평화적 침투설과 조화를 이룹니다. 그리고 철기 1기에 와서 이전에는 비교적 사람이 없던 중앙산간지역에 200개 이상의 새로운 거주지가 갑작스럽게 생기기 시작합니다. 물론 새로운 주민들이 들어서게 된 것이지요. 이스라엘의 고고학자 아담 제르탈(Adam Zertal)이 탐사한 므낫세 부족의 영토를 살펴봅시다. 후기 청동기의 거주지들은 그 수가 매우 적고, 주로 하구나 또는 더 살기 좋은 지역에 분포해 있었습니다. 철기 1기의 거주지들은 무수히 많았습니다. 중앙산간지역에 정착한 사람들은 완전히 새로운 사람들이었지요.

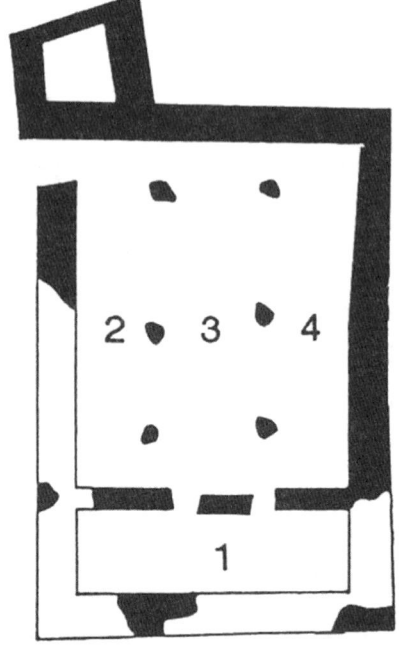

이즈벳 사르타('Izbet Sartah)에서 발견된 "방 네 개짜리 집"(four-room house). 이 평면도는 철기 시대 초기에 가나안 중앙지대에 도입된 새로운 양식의 집이다. 최근까지 고고학자들은 이 양식이 이스라엘이 기원한 연대를 측정하는 데 중요한 열쇠로 생각해 왔다. 이 집의 가장 기본적인 형태로는 좁고 길다란 방(1, 아래)이 있고, 그에 세 개의 방(2, 3, 4)이 붙어있는 것이다. 이 세 방들은 기둥들로 나누어져 있다. 그러나 실제로는 방들이 더 세부적으로 나누어지기도 했고, 가장자리에 추가로 방을 만들기도 했다. 중앙의 방(3)은 마당으로 사용되었던 것으로 아마 천장이 없이 하늘로 뚫려있었을 것이다. 여기에 화덕이 있었을 것이다. 거주자들은 아마 위층에서 잠을 자고 생활했을테고, 아래층에는 가축들을 두었을 것이다. 일부 고고학자들은 이 구조를 기둥집(pillared house)으로 부르기도 한다.

THE RISE OF ANCIENT ISRAEL

허셜 섕크스 · 과연 무엇이 문제인가? 현재까지 알려진 사실들

이즈벳 사르타('Izbet Sartah)에서 발견된 "방 네 개짜리 집"(four-room house). 이스라엘의 정착지 중의 초기의 것들 중 하나인 이즈벳 사르타는 가나안의 중앙산간지역의 서쪽 끝자락에 위치해 있었다. 여기에는 문제점이 하나 있다. 즉, 이스라엘인들이 군사적 방법으로든, 아니면 평화적으로든, 동쪽에서부터 가나안으로 들어왔다면 어떻게 그들의 초기 정착지가 동쪽이 아닌 서쪽 끝자락에 위치해 있단 말인가? 이러한 장소에서 발견되는 군사적 정복설과 평화적 침투설이 가지고 있는 약점들과 방 네 개짜리 집, 그리고 목깃이 달린 항아리들을 근거로 일부 학자들은 제 삼의 이론을 제시하게 되었다. 즉, 농민 봉기설(peasant revolt model)이다. 조지 멘덴홀(George Mendenhall)과 노만 갓월드(Norman Gottwald)가 이 학설을 주장한 대표적인 학자들인데, 이들에 의하면 이스라엘인들은 본래 후기 청동기에 그들의 군주에 대항해 반란을 일으켜서 산간지역을 차지한 농민들이었다는 것이다. 산간지역에 정착한 이후, 이들은 야훼신앙을 바탕으로 한 종교를 발전시켰고, 이들이 결국 이스라엘이라고 불리는 민족이 되었다.

더구나 이 새로운 정착민들은 새로운 건축양식과 독특한 장식이 되어 있는 저장 용기들을 들여왔습니다. 이 새로운 건축양식은 소위 "방 네 개짜리 집"(four-room house)라고 불리는 것인데, 사실 이 표현은 약간 잘못된 것입니다. 여러분 중에 여기의 평면도

THE RISE OF ANCIENT ISRAEL
고대 이스라엘의 기원

에서 네 개의 방을 찾아낼 수 있다면 그건 아마 실수로 찾아 낸 것이겠지요(웃음). 왜냐하면 이 평면도 상으로는 방 네 개가 나타나 있지 않기 때문입니다. 실제로는 방이 네 개가 아니지만…… 문제를 더 복잡하게 만들지 맙시다(웃음). "방 네 개짜리 집"은 하나의 좁고 긴 방으로 되어 있습니다. 이 방에 세 개의 긴 방들이 연결되어 있지요. 평면도에서 보시듯이 네 개의 방이란, 아래의 좁고 긴 방과, 그에 연결된 세 개의 길다란 방들을 말하는 것입니다. 어째서 "방 네 개짜리 집"이란 말이 정확하지 못한 표현이냐 하면, 이 네 개의 방들이 가끔은 더 나누어지기도 하고, 때로는 다른 방들이 가장자리에 덧붙여지기도 하기 때문입니다. 하지만 기본적 구조는 네 개의 방으로 구성된 것입니다. 이 명칭이 정확하지 못한 또 하나의 이유는 바로 중앙의 방은 천장이 없는 마당이었다는 것입니다. 여기에는 아마도 화덕이 있었을 것입니다. 그리고 이 집은 2층 구조여서 사람들은 위층에서 자고 생활했을 것입니다. 아래층에는 가축들을 두었습니다. 이제 방 네 개짜리 집이라는 것이 어떤 것이지 감이 잡히셨겠지요? 아스겔론(Ashkelon)을 발굴한 하버드 대학의 래리 스테이거(Larry Stager)는 이러한 집들을 기둥집(pillared house)이라고 부릅니다. 그게 아마도 더 정확한 표현이겠지만, "방 네 개짜리 집"이라는 표현이 이미 굳어져버렸습니다. 그리고 더 널리 사용되는 표현입니다.

한때는 이러한 집 양식이 이스라엘인들의 독특한 건축양식으로 여겨졌었습니다. 그러나 꼭 그렇지만은 않다는 것을 우리는 곧 보게 될 것입니다.

산간지역의 정착민들은 또한 "목깃이 달린" 새로운 형태의 저장용 단지들을 사용하였습니다. 이 단지들의 목깃은 단지의 목 부분 바로 아래, 단지의 어깨에 해당하는 부분의 주위를 둘러 장식되어 있습니다. 이는 일종의 장식이지, 특별한 기능이 있는 것은

THE RISE OF ANCIENT ISRAEL

허셜 섕크스 · 과연 무엇이 문제인가? 현재까지 알려진 사실들

"목깃이 달린 단지들"(collared-rim jars). 사진에 있는 것과 같은 커다란 단지들이 가나안의 산간지역에서 발견된 것은 "방 네 개짜리 집"과 함께 이스라엘인들의 거주를 알려주는 두 번째 증거로 여겨져 왔다. 짧고 넓은 목부위에 목깃처럼 테두리가 장식된 이 단지들은 보통 약 40-55 리터의 물을 담을 수 있다. 일부 고고학자들에 의하면 이 단지들이 그 지역에서 약 기원전 1000년까지는 물을 옮기고 저장하는 주요 수단이었다고 한다. 그 이후 점차로 철기 도구의 사용이 광범위하게 이루어져서 단단한 지반을 파내어 수조를 만드는 것이 가능하게 되었다. 그래서 이러한 단지들은 점차 사용되지 않게 되었다. 기술의 발전의 희생양이라고 할 수 있겠다.

아닙니다. 이 또한 한때 이스라엘의 특징적인 도기의 양식을 보여주는 것이라고 여겨졌었습니다. 즉, 여러분이 이러한 단지를 발굴하게 되면, 그 지역의 그 지층은 이스라엘 사람들에게 속했던 것이라는 말이지요. 하지만 이 또한 더 이상 반드시 사실이라고 말할 수는 없습니다.

그렇다고 하더라도 여러분들은 별로 사람이 없던 산간지대에 새로운 정착지들이 들어서고 있었다는 것을 볼 수 있을 것입니다.

THE RISE OF ANCIENT ISRAEL
고대 이스라엘의 기원

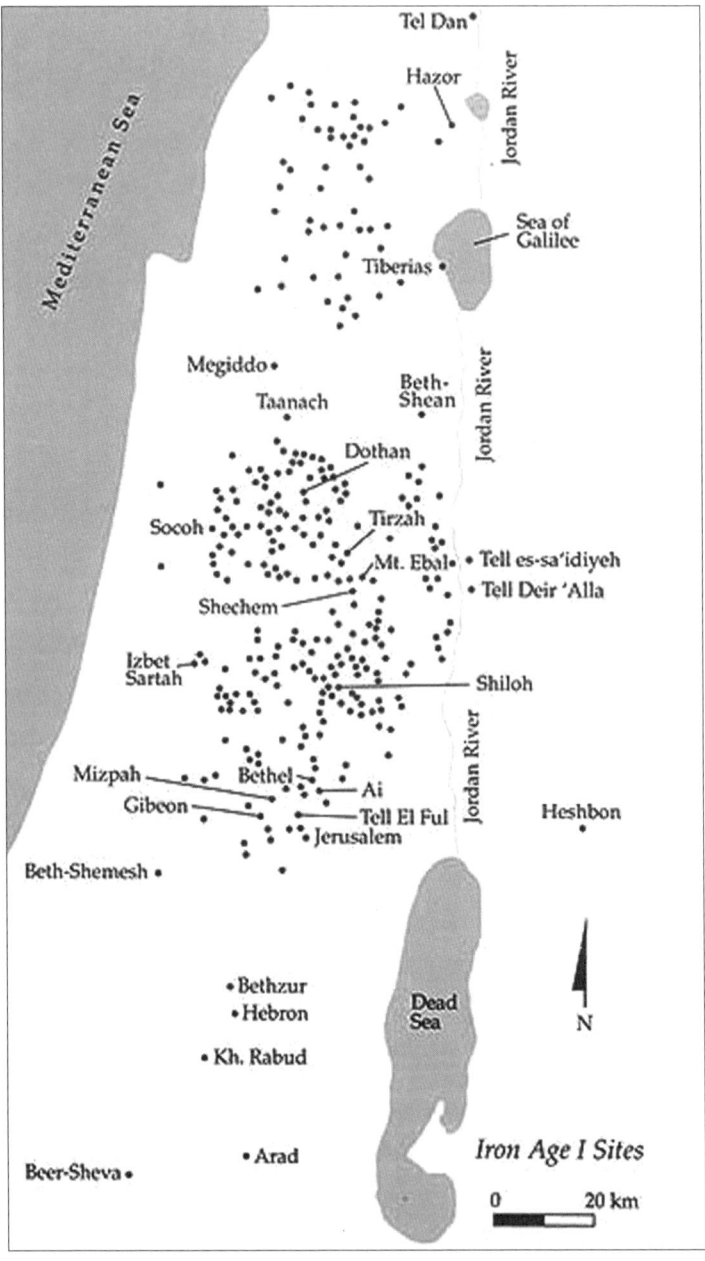

THE RISE OF ANCIENT ISRAEL

허셜 섕크스 · 과연 무엇이 문제인가? 현재까지 알려진 사실들

이 산간지대가 바로 성경에서 이스라엘 사람들이 요단을 건너 정착했던 지역이라고 말하고 있는 곳이지요. 그리고 이 독특한 건축양식과 도자기들이 바로 이 지역에서 다수 발견되었구요. 어쩌면 이제 우리는 초기 이스라엘 사람들에 대한 단서를 잡았다고 말할 만도 합니다.

그러나 이 증거들이 과연 이 사람들을 이스라엘인들이라고 부르기에 충분한 것일까요? 많은 학자들은 그렇지 않다고 생각합니다. 예를 들어, 이러한 방 네 개짜리 집들은 요단 동편을 포함한 이스라엘인들의 정착지 이외의 지역에서도 발견됩니다. 더욱이 이 집의 선조격인 건축양식이 더 먼저 가나안인들 사이에서도 사용되었습니다.

목깃이 달린 단지들을 사용한 것도 단순히 산간지대에 살던 사람들이 물을 나르기 위한 필요 때문이었을지도 모릅니다. 즉, 이 단지들이 꼭 한 민족의 특징을 나타낸다고 볼 수는 없다는 말이지요. 이스라엘 사람이든지 가나안 사람이든지 누구든 산간지대에 사는 사람들에게 필요한 물건일 뿐일 수도 있다는 것입니다.

솔직히 말하자면, 개인적으로 이러한 주장들은 설득력이 없다고 생각하지만, 그건 여기서 다룰 수 없는 별개의 문제입니다.

어쨌든, 평화적 침투설에 대해 회의가 들면서 보통 농민 봉기설(the peasant revolt theory)로 불리는 제 삼의 모델이 등장하게 됩니다. 조금 있다 살펴보게 되겠지만, 이 명칭 또한 그리 적절한 것은 아닙니다. 이 가설은 미시간 대학교(University of Michigan)의 조지 멘덴홀(George Mendenhall)이 1960년대 중반에 제안한 것입니다. 이 가설에 의하면 이스라엘인들은 가나안 밖에서 온 것이 아니라, 가나안 땅 안에서 생겨났습니다. 간단히 말하자면, 이집트에서의 탈출은 있어봤자 아주 미미한 규모의 것이었다는 말입니다. 이 이론에 따르면, 이스라엘인들로 알려진 사람들은 사실

THE RISE OF ANCIENT ISRAEL
고대 이스라엘의 기원

은 후기 청동기시대에 가나안의 도시들에서 영주들에 대항하여 반란을 일으킨 농민들입니다. 그 후 이 농민들은 산간지대로 도망을 가서 야훼라는 신에 대한 믿음을 바탕으로 이스라엘이라는 민족으로 발전하게 되었다는 것입니다.

이 가설은 뉴욕 신학교(New York Theological Seminary)의 교수 노만 갓월드(Norman Gottwald)에 의해 한층 더 발전, 확대되었습니다. 갓월드 교수는 멘덴홀과 같이 이스라엘인들이 가나안 사회에서 발전해 나간 사람들이라고 보았습니다. 그러나 갓월드는 그의 막스주의 사상을 바탕으로 후기 청동기 도시사회에서 이스라엘인들이 떨어져 나간 근본적인 이유가 신학적, 이념적인 것이 아닌, 경제적 이유라고 주장했습니다. 즉, 후기 청동기시대 말엽, 이스라엘의 등장은 사회 변혁운동의 하나로 보아야 한다는 것이지요.

많은 학자들은 농민 봉기설을 매우 창조적인 개념으로 여겼습니다. 그 하나로, 이 이론은 인류학과 사회학에서도 새로운 문화가 발생할 때 이와 유사한 현상이 나타난다는 사실을 바탕으로 하고 있거든요.

이 이론은 또한 이스라엘이 가나안에서 어떻게 생겨났는가에 대한 성경의 기술을 역사적으로 무의미한 것으로 보는 일부 학자들에게도 매력이 있습니다. 이러한 학자들은 이스라엘 왕정시대 이전의 성경기록에서는 역사적 사실을 찾을 수 없다고 보고 있지요. 왕정시대 이전의 기록은 기껏해야 새로 생겨난 이스라엘 국가에 옛 역사를 꾸며 넣어주기 위한 것 이상이 아니었다는 것입니다. 일부 학자들은 더 나아가서 바벨론 포로기까지의 성경역사는 믿을 수 없다고 공언하기도 합니다.

농민 봉기설을 받아들이는 학자들은 고고학적 자료에 의존하기도 합니다. 예를 들어, 방 네 개짜리 집과 목깃이 달린 단지 같은

THE RISE OF ANCIENT ISRAEL
허셜 섕크스 · 과연 무엇이 문제인가? 현재까지 알려진 사실들

것들 말이지요. 그리고, 비록 다른점들도 있긴 하지만, 후기 청동기와 철기 1기의 가나안의 유물들을 보면 상당한 연속성이 발견됩니다.

농민 봉기설을 지지하는 사람들은 이즈벳 사르타('Izbet Sartah)와 같은 거주지의 예를 들기도 합니다. 이 거주지는 해안 평야가 내려다보이는 가나안 산간지대의 서쪽 끝에 위치하고 있습니다. 이곳은 철기 1기에 새로 생겨난 정착지들 중에서 최초의 것들 중의 하나입니다. 만일 이스라엘인들이 가나안 외부, 즉 요단 동편에서 침입해 들어왔다면, 이즈벳 사르타는 가장 나중에 정착한 곳이었어야 말이 되지 않겠습니까?

옳고 그름을 떠나서, 이 가설은 학자들 간에 많은 공방이 이루어지고 있는 문제, 즉 이스라엘의 발생이 가나안 내부에서냐 아니면 외부에서냐 하는 질문을 제기합니다. 예전에는 학자들은 일반적으로 문화적으로 많은 변화가 나타날 때, 그 요인을 인종이 다른 외부인들에 의한 것으로 보곤 했습니다. 하지만 이는 더 이상 사실이 아니라는 것을 모두 인식하게 되었습니다. 그렇다면 이스라엘 역사를 연구하는 학자들은 이스라엘이 가나안 사회 내부에서 기원했는지, 아니면 가나안 땅 외부에서 들어왔는지 스스로 질문해 봐야 합니다. 우리는 오늘 강연에서 빌 데버(William Dever)로부터 이에 대한 설명을 듣게 될 것입니다.

지금까지 말씀드린 내용이 바로 이스라엘의 가나안에서의 등장을 설명하는 세 가지 가설들입니다. 즉, 정복설, 평화적 침투설, 그리고 농민 봉기설(아마 더 정확하게는 사회변혁 모델)이죠. 그러나 지난 몇 년간 학자들은 이 세 가지 가설들을 넘어서려는 움직임을 보여왔습니다. 이제 더 이상 이 세 가설들 중 하나를 선택해야만 할 필요가 없습니다. 새로운 변화와 통합이 가능해졌기 때문이지요. 위의 가설들은 막스 베버의 "이념형"(ideal type)처럼 되

THE RISE OF ANCIENT ISRAEL
고대 이스라엘의 기원

어버렸지만, 실제로는 이렇게 단순한 형태들이 존재하지는 않습니다.

학자들은 여태까지 이 문제에 대한 의견의 일치를 보지 못해 왔습니다. 여러 새로운 견해들이 등장했다 사라지곤 했습니다. 논쟁도 많이 있어 왔구요. 그 논쟁의 결과가 어떻게 될지는 저도 예상을 할 수가 없습니다.

반면, 아까 말했듯이 성경은 왕정시대 이전의 역사에 대하여는 역사적으로 아무 쓸모가 없다고 보는 학자들이 있습니다. 이들은 사회학이나 인류학, 때로는 고고학에 근거하여 실제 역사적 상황을 재구성하려고 하기도 합니다. 이들은 후기 청동기 말엽에 전 세계가 혼란과 격변의 과정을 겪었다는 명백한 고고학적 증거들로부터 자신들의 이론을 발전시켜 갔습니다. 당시 이집트의 위세는 많이 약해졌고, 블레셋을 포함한 시피플(Sea Peoples)이 에게해(the Aegean area)로부터 도망쳐 나와서 이집트와 다른 지역을 공격하고, 결국에는 키프로스(Cyprus)와 가나안 해안가에 정착했습니다. 소아시아와 북 시리아의 힛타이트 왕국은 나누어져서 여러 개의 작은 도시국가들로 전락해 버렸습니다. 이 당시가 바로 트로이 전쟁의 때였고, 번성했던 시리아의 해안도시 우가릿(Ugarit)이 멸망해서 다시 일어나지 못하게 되었던 때였기도 합니다.

과연 이 모든 혼란들은 무엇 때문에 일어났을까요? 기후의 변화? 가뭄? 전쟁? 경제적 붕괴? 도리스(Dorian)인들의 그리스 침략? 누구도 확실히 대답할 수는 없습니다. 농민 봉기설, 또는 사회변혁설에 따르면, 가나안의 해안 도시들도 또한 쇠퇴하였고, 그들의 봉건적 사회구조도 무너졌으며, 도시의 하층민들은 산간지대로 가서 이스라엘을 이루었다고 봅니다.

그 반면에 이스라엘의 가나안 점령에는 분명 군사적인 측면이 있었으며 이 사실을 간과해서는 안 된다고 주장하는 학자들이 있

THE RISE OF ANCIENT ISRAEL
허셜 섕크스 · 과연 무엇이 문제인가? 현재까지 알려진 사실들

습니다. 이러한 학자들 중에는 저명한 하버드의 성서학자 프랭크 크로스(Frank Cross)가 있습니다.

히브리대학교의 아브라함 말라맛(Abraham Malamat)은 성경에 기록된 이스라엘인들의 가나안 침공의 전술이 군사적으로 아주 뛰어나고 사실적이라고 강조합니다. 예를 들어, 대낮에 정면으로 침공한 경우가 없다는 것도 주목할 만합니다. 수적으로 불리한 대신, 이스라엘인들은 전략을 잘 짰습니다. 속임수와 매복작전, 야간공격, 기습공격, 스파이와 침투조 등등 다양한 전술을 사용했지요. 또한 가나안의 지형을 실제적으로 잘 이용했습니다. 이러한 내용으로 보아, 성경의 기술은 비록 세부적인 측면이나 숫자 등이 과장된 측면이 있으며, 신학적 해석을 가미해서 기록되었겠지만, 실제 역사적 사실의 일부를 분명 담고 있다고 믿는 학자들이 많습니다.

앞에서 말했던 여호수아와 사사기의 가나안 정복의 이야기가 다르듯이, 성경은 종종 한 사건에 대한 여러 전승을 포함하고 있기도 합니다. 하지만 이가엘 야딘(Yigael Yadin)이 지적했듯이, 성경은 이스라엘의 기원에 대해서는 단지 하나의 전승, 즉 그들이 가나안 외부에서 들어왔고, 그 이전에 종살이를 하던 이집트를 탈출했었다는 내용만을 말해주고 있습니다. 어느 누가 과연 그러한 암울한 실패의 역사를 자신들의 과거라고 꾸며내어 말하겠습니까?

브라이언트 우드(Bryant Wood)는 최근에 여리고의 파괴에 대한 고고학적 증거들을 다시 연구했습니다. 여리고엔 분명 파괴의 흔적이 남아 있습니다. 여기에는 이견의 여지가 없습니다. 하지만 이 파괴가 언제 일어났을까요? 여리고를 발굴한 것으로 유명한 영국의 고고학자 캐트린 케년(Kathleen Kenyon)은 이 파괴의 층을 중기 청동기시대의 것으로 판단했습니다. 그 이후에 여리고는 버

THE RISE OF ANCIENT ISRAEL
고대 이스라엘의 기원

려졌다고 보았지요. 그러므로 후기 청동기 말엽, 여호수아의 시대에는 여리고 지역에는 정복할 도시가 아예 없었다는 것입니다. 많은 사람들이 이 견해를 받아들여서 가나안 군사 정복설에 이의를 제기했습니다. 우드는 케년의 발굴뿐만 아니라 직접 고고학적 자료들을 상세하게 살펴본 결과, 여리고의 파괴가 성경에서 묘사하는 것과 매우 비슷하게 일어났음을 보여주었습니다. 여리고에는 성경의 기록처럼 튼튼한 성벽이 있었구요, 고고학적 증거에 따르면 성벽이 무너져 내려 앉았습니다. 실제로 여리고 주변으로 두 줄의 성벽이 있었습니다. 언덕 정상에 도시를 두르는 주 성벽이 있었고, 아래에는 침수를 막기위한 또 하나의 성벽이 있었습니다. 이 아래쪽 성벽 바깥쪽에서 케년은 성벽에서 떨어진 붉은 진흙벽돌더미를 발견했는데, 이 벽돌들은 언덕 위의 안쪽 성벽에서 무너져내려 언덕을 굴러서 바깥쪽 성벽 근처에 와서 쌓이게 된 것으로 보입니다(아니면, 이 벽돌들은 바깥쪽 성벽 위에 놓여 있다가 거기서 떨어진 것일 수도 있지요. 어쨌든 이는 중요한 것이 아닙니다. 중요한 사실은 이 벽돌들이 바깥 성벽 외각에 무더기로 쌓여 있었다는 점입니다). 여기 쌓인 벽돌들은 2미터의 너비와 4미터의 높이의 벽을 쌓기에 충분한 양이었습니다.

이 무너진 벽돌들은 공격하는 군사들이 도시로 진격해 들어가기 위한 경사로를 이루었을 것입니다. 성경은 말하길 여리고를 둘러싼 이스라엘인들이 "각기 앞으로 나아가 성에 들어갔다"고 합니다(여호수아 6:20).

또한 이 성벽은 지진으로 무너졌을 수도 있습니다. 이 지역은 지진활동이 활발했던 지역이지요. 여리고는 지질학의 판구조론에서 거대한 틈(Great Rift)으로 불리는 지역에 바로 위치하고 있습니다.

케년은 이 도시가 커다란 화재로 멸망했음을 발견했습니다. 성

THE RISE OF ANCIENT ISRAEL

허셜 섕크스 · 과연 무엇이 문제인가? 현재까지 알려진 사실들

벽과 바닥이 불에 의해 검붉게 그을린 것입니다. 그러나 케년은 "동쪽 방들의 벽은 화재가 발생하기 이전에 이미 무너졌던 것으로 보인다"고 했습니다. 이게 바로 성경이 말하는 여리고 정복의 사건 순서입니다. 즉, 벽이 먼저 무너지고, 그리고 이스라엘인들이 성을 불태웠지요.

고고학자들은 또한 불탄 곡식 무더기들을 여리고의 집들에서 발견했습니다. 고대 이스라엘의 어떤 곳보다 많은 곡식들이 여기서 발견된 것이지요. 이는 두 가지를 의미합니다. 우선 침략자들이 오랜 시간 성을 포위하여 거주민들을 굶어죽게 만드는 방식이 아닌, 매우 신속한 승리를 거두었다는 것입니다(성경의 기록에도 물론 신속한 이스라엘의 승리로 나와있지요). 둘째로, 많은 곡물이 있었다는 것은 이 성이 추수 직후인 봄철에 파괴되었음을 암시합니다. 이 또한 성경이 말하고 있는 바와 일치합니다. 이렇게 많은 곡식이 발견된 것은 또 다른 점에서 이상합니다. 침략자들은 보통 불을 지르기 이전에 곡식을 강탈하기 마련인데 여리고를 점령한 자들은 그러지 않았단 말입니다. 성경에 의하면, 하나님이 여리고의 모든 것을 파괴하고, 노략물을 취하지 말라고 명령하셨기 때문이죠.

마지막으로, 성경은 이스라엘인들이 강물이 멈추어서 요단강을 쉽게 건널 수 있었다고 말합니다(여호수아 3:16). 이러한 일은 사실 오늘날도 종종 생기곤 합니다. 이 당시 요단강은 커다란 강이 아니었습니다. 진흙더미나 지진의 여파로 쌓인 물질들에 의해 강이 멈출 수도 있었을 것입니다. 실제로, 요단의 강물은 1927년, 1906년, 1834년, 그리고 그 이전 세 번에 걸쳐서 짧게는 16시간, 길게는 이틀에 이르기까지 흐름이 멈춘 적이 있었습니다.

그렇다면 이 모든 사실들로부터 우리는 무엇을 생각해 낼 수 있을까요?

THE RISE OF ANCIENT ISRAEL
고대 이스라엘의 기원

한 가지 가능한 설명은 비록 여리고를 실제로 멸망시킨 자들이 이스라엘인들은 아니었지만, 이스라엘인들은 여리고의 멸망에 대한 내용을 자신들의 신학화된 역사에 포함시켜 자신들의 역사로 만들었다고 보는 것입니다.

또 다른 해석은 이스라엘인들이 여리고를 파괴했다고 보는 것입니다. 이 경우, 이스라엘인들의 여리고 정복을 성경의 묘사와는 달리 중기 청동기시대의 사건으로 보던가, 아니면 여리고가 중기 청동기시대에 파괴된 것으로 보여주는 고고학적 증거들을 후기 청동기의 것이라고 다시 해석해야 하는 어려움이 있습니다. 위와 같은 해석들이 종종 시도되어 왔지만, 대부분의 학자들은 여리고의 파괴를 이스라엘인의 정복의 결과로 보려는 이러한 시도들을 받아들이지 않습니다.

이제 연대 문제에 대하여 몇 마디 하려고 합니다. 대부분의 고고학자들은 만일 이스라엘이 가나안에서 등장한 사실에 대한 고고학적 증거가 있다면, 이는 반드시 철기시대의 시작인 기원전 1200년경의 것이어야 한다는 데 의견의 일치를 보고 있습니다.

그러나 기원전 13세기 말엽, 가나안에 살고 있던 사람들 중에 이스라엘로 불리는 사람들이 있었다는 증거가 있습니다. 바로 지난 세기말에 테베(Thebes)에서 발견된 그 유명한 메르넵타 석비(Merneptah Stele)입니다. 이 석비는 높이가 2미터가 약간 넘는 검은 화강암 판으로, 상형문자들이 가득 기록되어 있습니다. 이 비문에는 주로 파라오 메르넵타가 리비아를 공격할 때 탈취했던 노략물들이 기록되어 있습니다. 그러나 그 비문의 마지막 부분에서 파라오 메르넵타는 그 이전에 자신이 가나안 정복전쟁에서 승리를 거두었던 내용에 대해서도 말하고 있습니다.

이 비문에 대하여는 학자들의 의견이 일치되는 부분이 두 가지가 있습니다. 하나는 이 비문이 기원전 1207년의 것이라는 점이고, 다른 하나는 가나안 정복전쟁과 관련하여 이스라엘이 언급되고 있다는 점입니다. 여기 상형문자로 기록된 부분은 성경 외의 문헌에서 이스라엘이라는 이름이 언급되는 최초의 경우입니다. 이 부분은 다음과 같이 해석할 수 있습니다:

"가나안은 약탈당하고 각종 재난을 맞이하였다.

아스겔론(Ashkelon)은 정복되었다.

게제르(Gezer)는 함락되었다.

야노암(Yanoam)은 더 이상 존재하지 않는다.

이스라엘은 황폐해졌다. 이스라엘의 후예는 이제 없다."

이제 이 비문이 언급하고 있는 이스라엘에 대해서 몇 가지 말하고 싶은 것들이 있습니다.

이것은 작은 마을 수준의 것과 관련된 권리나 계약에 관한 것이 아닙니다. 여기에 이스라엘이 언급되어 있는 것은 당시 세상에서 가장 힘이 있던 이집트의 파라오가 이스라엘에 대해서 알고 있었다는 것을 보여줍니다. 아니, 단지 알고 있었던 것만이 아니라, 그는 이스라엘을 물리친 것을 그의 중요한 업적 중의 하나로 여겼다는 것입니다. 물론 그가 이스라엘의 후예가 더 이상 존재하지 않는다고 말한 것은 어느 정도 과장이 섞인 표현이겠지요. 3200여년이 지난 지금, 우리는 이스라엘이 당시에 멸망하지 않고 계속 번성해 나가고 있었음을 알고 있으니까요. 기원전 1212년(메르넵타의 전쟁은 이 비문이 기록되기 5년 전에 일어났습니다)에 이스라엘은 이미 강한 군사력을 가진 사람들로 인식되어졌다는 것이지요. 그리고 이 시기가 바로 후기 청동기에서 철기로 넘어가던 때입니다.

종종 이스라엘 석비라고 불리기도 하는 이 메르넵타 석비에 대해서 제가 또 말씀드리고 싶은 것이 있는데, 그 이전에 상형문자

THE RISE OF ANCIENT ISRAEL
고대 이스라엘의 기원

사진 속의 이 메르넵타 비문은 이렇게 선포한다: "가나안은 약탈당하고 각종 재난을 맞이하였다. 아스겔론(Ashkelon)은 정복되었다. 게제르(Gezer)는 함락되었다. 야노암(Yanoam)은 더 이상 존재하지 않는다. 이스라엘은 황폐해졌다. 이스라엘의 후예는 이제 없다." 이 비문의 아랫 부분에는 메르넵타가 그의 재위 초기에 가나안에서 승리를 거둔 것들에 대해 자랑하는 내용이 기록되어 있다. 아래서 두 번째 줄, 약간 왼편을 보면, 성경외의 문헌에서 최초로 이스라엘이라는 이름이 언급되어 있다. 아스겔론, 게제르, 야노암 같은 도시들의 이름들에는 발음이 되지 않는 한정사가 붙어 있어서, 이 이름들이 도시명인 것을 보여주며, 또한 가나안이 이방지역이라는 사실을 알려주고 있다. 그러나 이스라엘이라는 명칭에는 장소가 아닌, 사람들임을 가리키는 한정사가 붙어있다. 이 메르넵타 비문은 이스라엘이라고 불리던 사람들이 기원전 1212년에 존재하고 있었으며, 이집트의 파라오 메르넵타가 그들의 존재를 알고 있었을 뿐만 아니라, 그가 전쟁에서 이 사람들을 물리친 것을 자랑할 만큼 이스라엘인들이 어느 정도 세력이 있는 사람들이었음을 알려준다.

THE RISE OF ANCIENT ISRAEL

허셜 섕크스 · 과연 무엇이 문제인가? 현재까지 알려진 사실들

에 대해서 잠시 말해야 할 것이 있습니다. 상형문자 기록에는 발음되지 않는 글자들이 있습니다. 이들은 단어에 붙어서 그 단어가 어떤 종류의 단어인지를 가리키는 것들입니다. 이 기호들은 한정사(determinatives)라고 부릅니다. 메르넵타 비문에서 제가 여러분들에게 읽어드린 부분, 즉 가나안의 도시들에 대한 파라오의 승리를 언급하는 부분 있지요? 이 도시들의 명칭 뒤에는 한정사가 붙어서 이 명칭들이 도시의 이름들이라는 것을 알려주고 있습니다. 이 한정사가 아스겔론, 게제르, 야노암 뒤에 붙어있지요. 가나안이라는 명칭 뒤에는 이방지역을 표시하는 기호가 붙어있습니다. 그러나 이스라엘이라는 명칭 뒤에 붙은 기호는 사람들을 가리키는 기호입니다. 다시 말하면, 기원전 1207년, 이스라엘은 파라오에게 알려질 뿐만 아니라, 파라오가 물리친 것을 자랑할 만큼 중요한 세력이었다는 것입니다.

메르넵타 석비는 분명 이스라엘의 등장에 대한 현재의 논의에 있어서 매우 중요한 증거물입니다.

만일 이스라엘인들이 기원전 1212년에 가나안에서 그 정도의 세력을 가지고 있었다면, 그들은 그곳에서 꽤 오랜 시간 동안 세력을 확장해 오지 않았을까요? 그러므로 이스라엘이 가나안에서 기존에 알려진 것보다 더 일찍 등장했다고 주장하는 사람들은 바로 메르넵타 비문을 자신들의 주장의 근거로 삼습니다.

그 반면에, 이스라엘은 왕정시대에 와서야 존재하기 시작했다고 주장하는 사람들에게 이 메르넵타 비문은 설명하기 힘든 골치 아픈 증거자료입니다. 저는 만일 이 비문이 이렇게 보존된 채로 발견되지 않았다면 어떤 일이 일어났을까 궁금해지기도 합니다. 그랬다면 이스라엘이 왕정시대 이전에는 존재하지 않았고, 성경에서 왕정시대 이전의 역사는 사실이 아니라고 주장하는 사람들이 더 득세하게 되었을 것이 분명합니다. 성경의 사건들은 옛날이

THE RISE OF ANCIENT ISRAEL
고대 이스라엘의 기원

야기처럼 믿을 수 없는 이야기로 여겨졌겠지요. 그렇다면 이러한 학자들은 의심할 바 없이 존재하고 있는 이 메르넵타 석비에 대하여 어떻게 설명을 할까요? 이들은 여기에 언급되고 있는 이스라엘이 무언가 다른 것을 가리키는 것이라고 주장합니다. 그러나 그 무언가 다른 것이 정확히 무엇인지는 아무도 설명하지 못합니다. 성경에 기록된 숫자들이 때로 과장되어 있기도 한 것이 사실입니다. 그리고 이스라엘 열 두 지파가 항상 하나로 뭉쳐 있었던 것은 아니라는 증거도 성경에 있습니다. 하지만 메르넵타 석비는 후에 이스라엘이 된 사람들과 민족이 막 생겨나던 발전 초기로부터 기원한 것이 분명합니다.

이제 한 가지 메르넵타 석비의 중요성에 대해 덧붙일 말이 있습니다. 최근에 카르낙의 한 신전에서 몇몇 부조들이 발견되었는데,

메르넵타 비문 해석에 도움을 주는 테베(Thebes)의 카르낙 신전에서 최근에 발견된 부조 작품들이다. 그러나 이스라엘인들을 묘사하는 장면은 어느 것인가? 시카고의 Field Museum의 프랭크 유르코(Frank Yurco)는 사진속의 이 장면이 메르넵타 석비의 마지막 부분에 언급된 이스라엘인들을 묘사하는 것이라고 주장한다. 실제로 여기에 파라오의 군대에게 정복되는 것으로 묘사된 사람들은 발목까지 오는 치마를 두르고 있는데, 이러한 치마는 가나안의 사람들을 묘사하는 다른 장면에서도 발견되는 것이다. 만일 유르코가 옳다면, 이 부조는 이스라엘인들이 가나안 사회에서 등장했음을 보여주는 증거가 된다.

THE RISE OF ANCIENT ISRAEL

허셜 섕크스 · 과연 무엇이 문제인가? 현재까지 알려진 사실들

반면에, 텔 아비브 대학교의 앤슨 레이니(Anson Rainey)는 카르낙의 부조에 새겨진 "이들이 바로 이스라엘인들이다"라고 한다. 유르코가 이스라엘인들이라고 주장했던 사람들이 가나안사람들처럼 보이는 것은, 그들이 바로 다름 아닌 가나안 사람들이었기 때문이라고 주장한다. 레이니에 의하면 유르코가 이스라엘인들을 묘사하고 있는 것이라고 주장하고 있는 부조장면은 메르넵타 비문의 첫줄, 즉 "가나안은 약탈당하고 각종 재난을 맞이하였다"는 내용을 묘사한 것이지, 마지막 줄인 "이스라엘은 황폐해졌다. 이스라엘의 후예는 이제 없다"를 묘사하는 것이 아니다. 레이니의 분석에 따르면, 위의 그림에서 무릎까지 오는 치마를 입은 사람들이 이스라엘인들이다. 이들은 카르낙의 다른 부조들에도 발견되는데 이들은 샤수(the Shasu)로 알려진 유목민들이다. 그러므로 이스라엘인들은 가나안 사회에서 기원한 것이 아니라, 가나안 외부에서 방황하던 유목민들로부터 형성되었다는 것이다.

THE RISE OF ANCIENT ISRAEL
고대 이스라엘의 기원

이것들은 메르넵타 비문의 이 유명한 구절을 묘사한 장면들로 알려졌습니다. 이 부조들 중 한 장면은 아스겔론을 나타냅니다. 다른 장면들은 메르넵타 비문에 언급된 다른 가나안의 도시들을 묘사하는 것 같습니다. 불행히도 어느 장면이 이스라엘인들을 묘사하는 것인지에 대해서는 논란의 여지가 있습니다. 이스라엘인들을 묘사하는 것으로 여겨지는 후보들 중 한 장면에서는 이스라엘인이 마치 가나안 사람들처럼 긴 치마같은 것을 입고 있습니다. 어떤 사람들은 이 장면이 이스라엘인들이 가나안 사회에서 발전되어 나온 사람들이라는 것을 입증해 준다고 말합니다. 또 다른 후보가 되는 장면에는 이스라엘인들로 여겨지는 사람들이 가나안인들의 것과는 다른 좀 더 짧은 치마를 두르고 있습니다. 일부 학자들은 이 장면이 이스라엘인들이 가나안 땅 밖에서 들어온 사람들이라는 사실을 보여준다고 주장합니다.

만일 이들이 가나안 외부에서 이주해 온 것이라면, 과연 어디서 온 것인지 묻지 않을 수 없습니다. 즉, 정말로 출애굽 사건이 있었던 것이냐 하는 문제입니다. 출애굽과 관련해서는 메르넵타 석비와 같은 확실한 증거가 없습니다. 이스라엘사람들이 이집트에서 그러한 종살이를 했었다는 증거가 없다는 것이지요.

우리가 가진 증거로는 단지 이집트에서 가나안의 도자기들이 발견되었다는 것과 마치 야곱과 그의 아들들처럼 가나안의 상인들이 이집트에 와서 무역을 했었다는 것 정도입니다. 이집트의 베니 하산(Beni Hasan)의 한 무덤에서 발견된 유명한 벽화에는 아시아의 상인들이 이집트에 와서 장사를 하는 모습이 묘사되어 있습니다. 이 무덤은 카이로와 룩소의 중간지점, 나일강이 내려다보이는 절벽에 아주 잘 보존되어 있습니다.

마지막으로, 힉소스라고 불리는 독특한 사람들에 대한 자료입니다. 이 사람들을 우리는 힉소스라고 부르지만, 그들은 자신들을

THE RISE OF ANCIENT ISRAEL

허셜 섕크스 · 과연 무엇이 문제인가? 현재까지 알려진 사실들

그렇게 부르지는 않았습니다. 힉소스 사람들은 아시아-가나안 지역에서 이집트로 내려와 두 왕조에 걸쳐서 이집트를 통치하게 됩니다. 결국에는 그들은 이집트인들에 의하여 가나안으로 다시 축출되고 맙니다. 분명, 이집트에서 힉소스 왕조의 등장은 성경의 요셉 이야기를 연상케합니다. 힉소스를 축출하는 과정은 마치 출애굽을 뒤바꿔놓은 것과 비슷합니다. 자발적으로 도망가는 게 아니라 강제로 축출된 것이라는 점에서 그렇지요. 힉소스와 성경의 기록과 어떠한 관계가 있는지에 대해서는 제 친한 친구 바룩 할퍼른이 이야기해 줄 것입니다. 그 이전에 제게 질문이 있으신 분들은 간단히 하셔도 좋습니다. 하지만 많은 질문은 못 받습니다. 제 역할은 단지 학계에서 진행되고 있는 복잡한 논쟁들에 대한 배경지식을 전하는 것뿐이니까요. 제 이후의 강연들은 마치 정글로 들어

이집트의 셈족 사람들. 힉소스라는 호칭을 지닌 아비샤(Abisha, 오른쪽에서 두 번째 산양에게 몸을 기대고 있는 인물)가 그의 서셈족 부족민들을 이끌고 이집트로 무역을 하러 오는 장면. 이 장면은 기원전 1890여년의 것으로 카이로와 룩소의 중간지점, 나일강이 내려다보이는 베니 하산(Beni Hasan)의 절벽을 깎아 만든 한 무덤에 보존되어있다. "힉소스"는 "외국땅의 통치자" 또는 "목자-왕"을 의미하는 이집트어 문구를 그리스어식으로 발음한 것이다. 힉소스는 약 기원전 1800년경부터 거의 두세기 반가량 이집트를 통치했던 가나안인들이다.

THE RISE OF ANCIENT ISRAEL
고대 이스라엘의 기원

가는 것처럼 어려울 수도 있습니다. 이 강연자들은 제가 여러분에게 소개한 부분들을 넘어서서 앞으로의 학계에서 주류가 될 논의들을 발전시켜서 이제 여러분들께 소개해 드릴 것입니다.

이집트의 수상 레크메레(Rekhmere)의 무덤에 있는 벽화에 마치 이스라엘인들처럼 벽돌을 만드는 사람들이 그려져 있다. 성경에 기록된 이스라엘인들의 종살이는 역사적 연구와 잘 들어맞는다. 한 이집트의 문서에는 벽돌을 만들기 위한 지푸라기들이 부족한 곤란한 상황에 대해 언급하고 있다. 이는 성경의 기록과도 일치한다. 가나안에서는 벽돌을 만들 때 지푸라기를 거의 사용하지 않았다. 그러므로 지푸라기를 이용해 벽돌을 만든다는 것은 이집트의 상황을 잘 반영하는 것이다. 이스라엘을 압제하던 파라오가 노역을 강화한 것은 아마도 람세스 2세 때의 활발한 건축사업 때문이었을 것이다.

THE RISE OF ANCIENT ISRAEL

허셜 섕크스 · 과연 무엇이 문제인가? 현재까지 알려진 사실들

메르넵타 석비. 약 한 세기 전에 테베에서 발견된 것으로, 높이가 약 2.5미터이며 검은 화강암에 상형문자들이 가득 기록되어 있다. 파라오 메르넵타가 그의 재위 5년인 기원전 1207년에 리비아에서 그의 군사적 성공을 자랑하기 위해 세운 것이다.

THE RISE OF ANCIENT ISRAEL
고대 이스라엘의 기원

과연 이것이 제단일까? 만일 이스라엘의 고고학자 아담 제르탈(Adam Zertal)이 옳다면, 에발산에 세워진 거의 정사각(길이 약 8미터, 너비 약 8.5미터)의 이 석조물(위의 사진)은 약 7.5미터 길이의 경사로가 만들어져 있으며, 고고학적 연구가 성경의 구체적인 기록과 일치하는 유일한 경우이다. 제르탈의 주장에 따르면, 이 구조물은 여호수아 8:30-35에 기록된 제단으로, 이스라엘이 가나안에 들어간 후 축복과 저주를 낭송했던 곳이다. 아래의 그림에는 제단과 경사로가 노란색으로 구분되어 있다. 파란색 부분은 제단의 세 면을 받치고 있는 구조이며, 또한 주요 경사로를 따라 있는 좁고 낮은 경사로 부분도 파란색으로 되어 있다. 하지만, 다른 고고학자들은 제르탈의 해석에 동의하지 않는다. 이들은 이 구조물이 제단이 아닌 하나의 작은 요새나 농장건물이었다고 보고 있다.

THE RISE OF ANCIENT ISRAEL

허셜 섕크스 · 과연 무엇이 문제인가? 현재까지 알려진 사실들

테라스는 오늘날에도 지금부터 약 3000여 년 전 초기 이스라엘인들이 사용하기 시작했을 때와 비슷한 용도로 사용되고 있다. 자연적으로 만들어진 석회암 테라스의 주변에 돌들을 회반죽을 사용하지 않고 쌓아올려서 벽을 만들었다. 이 벽들은 토양이 흘러내리지 않게 해주고 작물을 경작하도록 평평한 땅을 만들어주며, 땅으로 빗물이 흡수되어 넘쳐흐르지 않도록 해준다. 이 테라스 경작의 발달 덕분에 산간지대에 많은 사람들이 거주할 수 있게 되었다.

THE RISE OF ANCIENT ISRAEL
고대 이스라엘의 기원

질의응답

질문 왜 이스라엘 정착지에서 발견된 집들이 꼭 아주 초기의 것이어야만 하나요? 이 사람들이 그냥 도시에서 멀리 떨어져 살던 사람들일 수 없는 건가요? 그리고 제 이 두 질문을 어떻게 증명해 보이실건가요?

답변 글쎄요, 의심의 여지가 없이 이 사람들은 분명 큰 도시에서 떨어져 살고 있었습니다. 그러나 이들이 누구였으며 어디서 왔는가는 분명치 않지요. 일부 이론에 따르면, 이들은 이제 막 정착하기 시작한 본래 방랑하는 유목민들이었습니다. 아니면 그들은 도시사회를 벗어나 도망쳐 온 가나안인들일 수도 있지요. 기존의 증거들을 다양하게 해석할 여지들이 충분히 있습니다. 그리고 그게 바로 문제점이지요. 유력한 증거가 등장하지 않고 있습니다. 그래서 아직 의견의 일치를 보지 못하고 있는 것이구요.

질문 메르넵타 비문에는 이집트의 가나안 군사원정이 기록되어 있습니다. 저는 이 비문과 이스라엘의 가나안 정복과 무슨 상관이 있는지 잘 모르겠습니다.

답변 제가 혼란을 일으켰다면 사과드립니다. 메르넵타 비문은 단순히 이스라엘이 이 당시에 존재하고 있었다는 증거일 뿐입니다. 우리는 이집트의 가나안 원정에 대해서는 잘 모릅니다.

THE RISE OF ANCIENT ISRAEL

허셜 섕크스 · 과연 무엇이 문제인가? 현재까지 알려진 사실들

그 자체로는 이스라엘이 어떻게 가나안에 등장하게 되었는지에 관한 문제하고는 별 관계가 없습니다. 메르넵타 비문의 중요성은 첫째, 이스라엘이 의심할 바 없이 기원전 1212년에 가나안 땅에 존재하고 있었음을 보여주는 데 있습니다. 둘째로, 가나안에 이스라엘이 존재하고 있었다는 것을 파라오가 알고 있었다는 것입니다. 셋째로, 그가 이스라엘을 군사적으로 물리친 것이 비문에 남겨 자랑할 만큼 큰 업적으로 여겼다는 점이지요. 저는 이집트의 원정을 이스라엘의 가나안 정복과 연결시킬 의도는 없었습니다. 단지 메르넵타 비문에 이스라엘이라는 중요한 사람들이 언급되어있음을 보여드리려는 것이었지요.

질문 만일 고고학적 증거가 가나안 정복설을 뒷받침해주지 않는다면, 왜 성경은 가나안 정복설을 이야기하고 있습니까?

답변 성경의 목적은 우리가 생각하는 그러한 개념의 역사를 기술하는 것이 아닙니다. 성경의 목적은 이 세상에서 인간과 관련한 하나님의 활동을 설명하려는 것입니다. 성경은 구체적인 역사적 정확성에 관심이 있는 것이 아닙니다. 성경을 문자적으로 사실로 받아들이는 사람들과 성경을 다른 고대 문헌들처럼 하나의 문서로 보기 때문에 성경은 분석되고 비교되어지고, 성경이 가진 편견을 감안해서 읽어야 한다는 사람들 간의 괴리가 분명 존재합니다. 제 친구 빌 데버는 성경을 "수집된 유물"이라고 부르지요. 성경에 어떻게 접근해야 하는지에 대한 입장의 차이들이 있습니다. 성경을 문자적 사실로 받아들이는 사람들은 성경을 믿음으로 받아들이는 사람들입니다. 이러한 시각은 논쟁의 대상이 아닙니다. 또 다른 사람들은 고

THE RISE OF ANCIENT ISRAEL
고대 이스라엘의 기원

고학이나 역사적 근거들을 가지고 논쟁하려 들 것입니다. 이 점에서는 논쟁을 할 만하지요. 대부분의 현대 성서학자들은 성경의 내용들을 문자적 사실로 생각하지 않습니다. 말하자면, 마치 고고학 발굴지처럼 파내고 분석해서 성경이 말하고 있는 것이 역사적 사실과 일치하는지, 현대 역사학적 입장에서 사실로 받아들일 수 있는지를 알아보아야 하는 것이지요. 이는 성경의 풍부한 가치를 무시하려는 말이 아닙니다. 성경을 문자적으로 받아들이지 않는 수많은 사람들도 성경을 풍성하고 감동을 주며, 더 나아가 영감이 되어있는 문헌으로 느낍니다. 성경이 그러한 영감된 책이 되기 위하여 반드시 역사적 사실과 일치해야만 하는 것은 아니지요. 오늘의 논의들은 성경을 이러한 관점에서 볼 것을 전제로 진행됩니다. 저는 성경에 있는 몇 가지 문제점들과 학자들이 이를 어떻게 다루는지를 간단히 요약해 드렸을 뿐입니다.

제 2 강

이스라엘인과 가나안인을 어떻게 구별할 수 있을까?

(How to Tell a Canaanite from an Israelite)

윌리엄 데버(William G. Dever)

제 2 강

이스라엘인과 가나안인을 어떻게 구별할 수 있을까?

(How to Tell a Canaanite from an Israelite)

윌리엄 데버(William G. Dever)

허셜 섕크스 어떤 사람들은 불평하기를 제가 오늘 모임을 오직 빌 데버의 강연을 위해 준비했다고들 합니다(웃음). 그러나 그건 사실이 아닙니다. 그게 오늘 모임의 유일한 이유는 아니지요. 하지만 때론 공개적으로 서로 다른 의견을 피력하기도 했던 제 오랜 친구를 여러분께 소개할 수 있는 기회를 갖게 된 것은 제게 큰 기쁨입니다. 이 사실을 알고계신 분들께는 제가 빌 데버와 어떤 다른 견해를 가지고 있는지 얼버무려 넘길 수가 없겠지요. 그럼에도 불구하고 우리는 아주 오랜, 친한 친구 사이임을 밝혀두고 싶습니다. 제가 언급한 견해차이라는 것은 이제 다 지난 이야기이지만, "성서고고학"이라는 용어의 사용에 관한 것입니다. 저는 이 용어가 지속적으로 사용될 만한 바람직하고 신뢰할 만한 용어라고 봅

THE RISE OF ANCIENT ISRAEL
고대 이스라엘의 기원

> 니다. 빌은 한때 이 용어를 사용하지 말아야 한다고 주장했지요. 역설적인 사실은 지금까지 제가 빌 데버보다 더 통찰력있고 예리한 "성서고고학자"를 보지 못했다는 것입니다(웃음). 어제 저녁식사를 하면서 제게 빌은 자신이 성서 이전의 초기 청동기 4기 시대보다는 성경에 점점 더 관심을 기울이고 있음을 밝혔습니다. 저야 물론 그 이야기를 듣고 기뻐했지요.
>
> 빌 데버는 제가 감히 말하건대 몇 안 되는 저명한 미국의 성서고고학자들 중 한 명입니다. 그는 오늘날 미국의 많은 고고학자들에게 훈련의 장이 된 중요한 텔 게제르의 발굴을 수년간 지도해 왔습니다. 그는 예루살렘의 American School of Oriental Research의 소장으로 일해 왔으며, 현재 William F. Albright School of Archaeological Research의 소장입니다. 그는 게제르 발굴의 최종보고서를 준비하고 있습니다. 그는 또한 세겜, 제벨 카아키르(Jebel Qa'aqir), 기르벳 엘콤(Khirbet el-Kom)과 같은 다른 지역에서도 발굴작업을 했습니다. 그는 비문들과 방대한 고고학, 성서학적 지식을 가지고 있습니다. 강연을 잘 하기로 유명한 사람이기도 하구요. 여러분께 제 친구 빌 데버를 소개합니다.

앞에서 허셀이 우리의 논쟁이 이미 끝난 것이라고 했는데, 그건 제가 이겼기 때문이지요(웃음). 그 이상은 말할 것이 없습니다.

그러나 물론 제가 여기에 자리하게 된 것을 기쁘게 생각합니다. 두 가지 이유가 아니었다면 저는 여기에 오지 않았을 것입니다. 첫째, 허셀 섕크스 때문이고, 둘째로는 여러분과 같은 훌륭한 청중들 때문입니다.

허셸과 제가 처음 이 심포지움에 대해 논의할 때 우리는 이스라

THE RISE OF ANCIENT ISRAEL

윌리엄 데버 · 이스라엘인과 가나안인을 어떻게 구별할 수 있을까?

엘의 기원을 주제로 잡자고 했습니다. 그런데 그 순서지를 받아보니까 제 강의주제가 "이스라엘인과 가나안인을 어떻게 구별할 수 있을까?"로 되어 있던 거예요. 그게 바로 허셀의 편집능력입니다(웃음). 저는 이 주제를 받아들고 바로 성경의 전승을 생각해 냈지요. 이스라엘인들은 이집트를 떠나 그들은 이집트에서 즐겨먹던 파와 양파를 갈망하게 될 광야로 나아갔습니다. 아마 그들의 입냄새를 맡아보면 가나안인들과의 차이점을 알 수 있지 않을까요?(웃음) 그러나 가나안인들과 이스라엘인들은 이미 사라진지 2500년이 되었습니다. 그러므로 이 방법은 통하질 않겠지요.

하지만 이 질문 자체는 정당합니다. 즉, 지정학적으로, 사회학적으로, 그리고 이념적으로 이스라엘 사람들은 누구이며 그들은 어디에서 왔는가? 이스라엘 사람들은 그들의 이웃인 가나안 사람들과 다른 점이 무엇인가? 만일 고대 이스라엘에게 있어서 독특한 점이 있었다면 그것은 무엇인가? 하는 질문들 말입니다.

저는 고고학자로서 이러한 질문들과 씨름해 왔습니다. 이제 새로운 고고학적 증거들을 살펴보기 전에 우리가 가지고 있는 성경과 고고학적 자료들의 한계에 대해서 좀 언급하고 싶습니다. 오늘날 성경을 역사기록의 근거로 보는 두 가지 입장이 있습니다. 둘 다 성경의 역사적 자료로서의 한계를 보여줍니다. "역사"라는 단어는 구약성경에 나타나지 않습니다. 성경은 역사가 아닙니다. 그리고 역사로 의도된 것도 아니구요. 성경은 문학작품입니다. 그것도 아주 특이한 신학적 문학작품이지요. 성경은 과거가 지난 시점에서 과거를 재구성한 것입니다. 북이스라엘과 남유다가 멸망한 후 한참 지나서 성경이 기록, 편집되고, 함께 엮어져서 오늘의 형태가 된 것입니다. 그러므로, 성경은 과거를 굴절(refract)시킨 것일 뿐만 아니라, 과거를 반영(reflect)하고 있지요. 성경은 일종의 수정된 역사입니다.

THE RISE OF ANCIENT ISRAEL
고대 이스라엘의 기원

제 신학의 동료 중의 한 명은 제게 성경은 "마이너리티 리포트"라고 합니다. 성경은 북왕국이 앗시리아에게, 남왕국이 바빌론에게 멸망당한 후, 이 비극적 사건들을 해명하기 위해 극우정통파에 의해 기록되었습니다. 성경의 저자들은 있는 그대로가 아닌, 그들이 역사의 주인공이었다면 그렇게 되길 바랬을 그런 모습을 말하고 있습니다(웃음). 이는 물론 이스라엘의 과거에 대해 우리에게 부정확한 정보를 전달해줄 수밖에 없지요.

최근까지, 즉 현대 고고학이 태동하기까지 우리가 가진 유일한 자료는 성경이었습니다. 많은 사람들이 성경만으로도 충분하다고 생각했지요. 성경은 여러분이 단순히 접근하면 매우 단순합니다. 최근에 아리조나 투산(Tucson)에서 자동차 범퍼에 붙이는 스티커를 보았는데요, 거기에는 이렇게 써 있었습니다. "하나님이 그렇게 말씀하셨다. 나는 그것을 믿는다. 그걸로 된 것이다"(웃음). 하지만 물론 그렇게 쉽게 그걸로 다 된 거라고 말할 수 있는 문제가 아닙니다. 적어도 의문을 가지고 있는 사람들에겐 말이지요.

고고학도 이 문제를 해결하진 못합니다. 그러나 고고학은 새로운 시각을 갖게 해줍니다. 그러므로 고고학은 몇 가지 문제를 해결하긴 하지만, 다른 문제를 양산해 내기도 합니다. 고고학은 미국 성서고고학의 대가였던 윌리엄 팍스웰 올브라이트(William Foxwell Albright)가 "성경외적 자료"라고 부르던 것을 제공해줍니다. 구약성경에 있는 소위 역사적 자료들이 어느 정도 제한적이라면, 고고학은 고대의 저자와 편집자들의 편견이 담겨있지 않은 새로운 자료들을 우리에게 끊임없이 공급해줍니다. 그러나 편견이 없는 고고학적 자료들도 그 자료들을 우리가 해석하기 시작할 때 우리 자신의 편견이 가미됨으로써 그 객관성을 잃게 됩니다. 고고학은 성경과 성경의 세계에 대해서 새로운 정보를 주는 훌륭한 원천이 될 수 있습니다.

THE RISE OF ANCIENT ISRAEL
윌리엄 데버 · 이스라엘인과 가나안인을 어떻게 구별할 수 있을까?

윌리엄 팍스웰 올브라이트(William Foxwell Albright, 1891-1971). 미국성서고고학의 대가요 창시자. 올브라이트는 고고학을 성경의 기록과는 달리 고대 저자들과 편집자들의 편견에서 벗어난 "성경 외적 자료"라고 생각했다. 하지만 그러한 순수한 자료들도 고고학자들이 자신들의 해석을 가미하기 시작하는 순간부터 그 객관성을 잃게 된다고 데버는 경고한다. 데버에 따르면 올브라이트 자신이 바로 이러한 경우다. 앞으로도 올브라이트의 명성을 뛰어넘을 사람은 나타나지 않겠지만, 그가 주장했던 이스라엘의 가나안 정복설은 이제 거의 지지를 얻지 못하게 되었다.

저는 이미 앞에서 언급된 이스라엘이 가나안에서 어떻게 등장하게 되었는가에 대한 두 세 가지 학설에 대해 간단히 말하려고 합니다. 그 다음에 여러분께 고고학적 자료들을 보여드리고, 마지막에 이 문제에 대한 답을 제시하려고 합니다.

이 학설들은 이미 허셀이 소개해 드렸습니다. 저희가 서로를 이름으로 부르더라도 이해해주시기 바랍니다. 우리는 사실 오랜 친구이거든요. 물론 그렇다고 우리가 모든 것에 같은 의견을 가진 것은 아니겠지요. 가나안 정복설은 오늘날 주류 학자들은 물론, 대부분의 학자들이 따르지 않습니다. 그렇게 된지 꽤 오래 되었지요. 더욱이 이스라엘, 유럽, 북미 어디에도 가나안 정복설을 지지하는 유명한 고고학자는 단 한 명도 없습니다. 가나안 정복설에 대해서는 더 이상 언급할 필요가 없습니다. 말 그대로 정복설이니까요 (웃음). 그렇게 확정적으로 말할 필요까지야 없겠지만……(웃음).

두 번째 평화적 침투설에 대해서 말하자면, 다 좋은데 유목민들의 발자취를 추적하려고 하면 문제가 생깁니다. 유목민들은 고고

THE RISE OF ANCIENT ISRAEL
고대 이스라엘의 기원

학적 증거를 남기질 않기 때문입니다. 요단을 건너 서쪽 팔레스틴으로 사람들이 이주해 왔었다고 말할 수는 있습니다. 그러나 사실 그러한 이주를 고고학적으로 증명할 길은 없다는 것이지요. 사실 평화적 침투설은 아주 흥미로운 학설입니다. 이를 저 나름대로 재구성한 것을 말하긴 하겠지만, 어쨌거나 고고학적으로는 다루기 힘든 학설입니다. 이 학설은 어쩌면 베두인들에 대한 19세기의 향수가 담겨있는 것이 아닌가 생각합니다. 또한 유목민들과 그들이 어떻게 살았는지에 대한 무지를 알려주는 것이기도 하구요. 이스라엘이 유목민들로부터 기원했다는 학설들은 이제 지지를 받지 못하고 있습니다. 잘못된 고고학적 정보와 잘못된 성서학에 근거를 두고 있기 때문이지요.

소위 농민 봉기설에 대해 말하자면, 실제로 농민들이 반란을 일으키곤 했을지도 모르지요. 하지만 그게 중요한 것이 아닙니다. 이 가설은 20세기의 상황을 반영하는 것입니다. 이스라엘의 기원에 대한 성경의 기록 역시 재구성된 것이지요. 그러므로 농민 봉기설은 이미 재구성된 이야기를 바탕으로 다시 재구성된 가설로, 마르크스주의의 이론을 바탕으로 하고 있습니다(오늘날 과연 누가 마르크스주의를 지지하겠습니까?). 고고학자로서 저는 농민 봉기설에 대하여는 별로 말할 것이 없습니다. 왜냐하면 이 가설은 고고학적으로 검증이 무척 힘든 이념적 가정들 위에 근거한 것이기 때문입니다. 하지만 이 가설에서 제 마음에 드는 부분이 있다면 그것은 이 가설이 초기 이스라엘인들이 가나안에서 기원한 토착민들이었음을 강조하고 있다는 점입니다. 이 부분은 고고학적 증거들과 맞아떨어집니다. 그렇지만 초기 이스라엘인들이 야훼신앙을 가진 사람들이었는지는 고고학적으로는 알 수가 없습니다(제 강연 끝부분에 이에 대해 잠시 언급하려고 합니다).

오늘 아무도 언급하지는 않았지만 사실 독일의 학자 보크마르

THE RISE OF ANCIENT ISRAEL
윌리엄 데버 · 이스라엘인과 가나안인을 어떻게 구별할 수 있을까?

프릿츠(Volkmar Fritz)가 주장한 네 번째 가설이 있습니다. 제가 동의하는 가설이기도 하구요. 바로 공생모델(symbiosis model)이라고 불리는 것인데요, 이 가설에 의하면 제가 "원 이스라엘인들"(proto-Israelites), 또는 초기 이스라엘인들이라고 부르는 사람들은 대부분이 오랜 기간 동안 가나안인들과 함께 살아왔다는 것입니다. 그리고 이들은 후기 청동기의 가나안 도시사회에서 벗어나 등장하기 시작했다는 것이지요. 고고학적 증거들이 이를 뒷받침합니다.

그럼 새로운 증거들을 살펴볼까요? 이 증거들은 10년 전까지만 해도 알려지지 않았던 것들이고, 아직 출판되지 않은 내용들도 많습니다. 하지만 우리가 확신할 만한 상당한 정보를 제공해주고 있는 증거들입니다. 아직도 이스라엘의 기원에 대해서는 학자들 간에 상당한 논쟁들이 여전히 지속되고 있습니다. 학자들이란 건강한 자아로 꽉찬 사람들이기 때문에 논쟁이 있는 것은 당연한 일이죠. 그럼에도 불구하고 어느 정도 의견의 일치가 보이려고 합니다. 마지막에 저는 모두가 동의할 만한 요점들을 말하려고 합니다. 이는 10년 또는 15년 전에 우리가 생각하던 것과는 전혀 다른 내용입니다. 이래서 고고학이 흥미진진한 학문이라 할 수 있지요. 성경의 본문은 변화가 없습니다. 성경의 해석에만 변화가 있을 수 있지요. 하지만 고고학은 날마다 바뀝니다. 저를 내년도 강연에 다시 불러주신다면 아마 저는 또 다른 이야기를 할지도 모릅니다. 그래도 현재로서는 제가 이제 말하려는 것이 우리가 알고 있는 최선의 것입니다.

이제 제가 말하려는 고고학적 내용에 대해 한 마디 하자면, 모세가 시내산에서 율법을 받았다는 그러한 전통적인 이야기들은 고고학으로 말할 수 있는 성질의 것이 아님을 다시 한 번 말씀드립니다. 저도 바룩 할퍼른이 제안하듯이 성경의 문학적 전승 뒤에

THE RISE OF ANCIENT ISRAEL
고대 이스라엘의 기원

는 분명 역사적 사실에 대한 기억들이 있었으리라 생각합니다. 이 역사적 사실들이 성경학자나 고고학자 모두에게 감추어져 있다는 것이 불행한 일인 것이지요. 예를 들어 광야의 성막에 대한 성경의 묘사를 생각해 보면, 성막의 역사적 사실성에 대해서는 아무것도 말할 것이 없습니다. 종종 어떤 사람들이 언약궤를 발견했다거나 또는 찾으려고 한다는 소식들을 듣곤 합니다. 최근에 한 사람이 제 사무실에 와서는 이스라엘 사람들은 언약궤가 어디 있는지 실제로 알고 있다고 말했습니다. 언약궤는 금으로 만들어져 있고, 베들레헴 근처의 한 동굴에 감추어져 있다는 것이었지요. 우리가 돈을 좀 모아서 그 사람한테 그 동굴을 발굴하게 한다면 우리는 조만간 언약궤를 찾아서 부와 명예를 누릴 수 있을 것입니다(웃음). 대신 저는 그 사람에게 다른 곳을 먼저 가보라고 했지요(웃음). 제가 알기론 언약궤는 아직 발견되지 않았으며, 저는 그것을 찾으러 떠나지도 않을 것입니다(웃음).

성경의 전승에 따르면, 후에 이스라엘이 된 사람들은 가나안을 뒷문, 즉 동쪽에서 여리고를 통해 들어갔습니다. 그들은 점차로 남북으로 퍼져나갔고, 가나안의 토착민들을 정복하고 단시간에 그 땅을 차지하여 열 두 지파에게 분할했습니다. 우리는 요단강 양쪽의 고고학적 장소들에 대한 정보를 가지고 있습니다. 고 이가엘 야딘은 그가 발굴했던 갈릴리 위쪽의 하솔(Hazor)에서 이스라엘이 파괴했던 흔적을 발견했다고 믿었습니다. 아시다시피 여호수아서에서 하솔은 중요한 장소 중의 하나이지요(여호수아 11:1-15). 이스라엘인들은 모든 왕국의 우두머리였던 하솔의 왕 야빈을 죽였다고 성경에 기록되어 있습니다(여호수아 11:10). 그러나 오늘날 대부분의 고고학자들은 하솔의 파괴의 지층을 기원전 1250년경의 것으로 보고 있습니다. 이는 여호수아, 또는 이스라엘인들에 의한 파괴라고 보기엔 너무 이른 것이지요.

THE RISE OF ANCIENT ISRAEL

윌리엄 데버 · 이스라엘인과 가나안인을 어떻게 구별할 수 있을까?

남쪽의 라키쉬(Lachish)에서는 기원전 1220년경의 지층으로 보이는 파괴의 흔적이 있는 것으로 보고되었었는데요, 이는 여호수아의 기록과 들어맞습니다. 하지만 최근에 이집트의 람세스들 중 후기의 파라오에게 속한 스캐럽(scarab)들이 발견되면서 라키쉬의 파괴의 지층은 이제 기원전 1150년 또는 그 이후의 것으로 재조정되었습니다. 여호수아가 이스라엘 군대를 이끌고 기원전 1250년에 하솔을 공격했거나, 기원전 1150년에 라키쉬를 공격했을 수는 없었겠지요? 혹시 여호수아가 죽은 상태로 들것에 실려서 전쟁을 이끌었다면 모르겠지만요. 그리고 하솔과 라키쉬의 파괴도 이스라엘인들에 의한 것이라고 자신있게 말할 수 있는 것이 사실입니다.

좀 더 쉽게 구분해서 설명드리지요. 고고학적으로 이스라엘인들이 행한 것이라고 자신있게 말할 수 있는 기원전 1200년경의 파괴의 흔적은 어디에도 없습니다. 몇몇 가능성이 있는 흔적은 있지만, 확실하진 않습니다. 여리고나 아이처럼 많은 장소들은 이 시기에 사람이 아예 살지도 않았습니다. 요단 동편도 사정은 마찬가지입니다. 성경에 언급된 헤스본, 디반(Dibhan)같은 곳들도 13세기 후반, 또는 12세기 초반까지 사람이 정착하지 않았습니다. 그러므로 여호수아에 의해 멸망했을 수가 없지요. 고고학은 종종 어떠한 사실이 맞다고 증명해주진 못하지만, 어떠한 설명이 틀렸음을 보여줄 수는 있습니다. 즉, 이러이러한 일들이 일어나지 않았다, 일어날 수 없었다는 것을 입증해 줄 수 있다는 말입니다. 우리가 다루고 있는 내용이 바로 그런 경우입니다. 왜냐하면 고고학적 증거가 전무하기 때문이지요.

이스라엘의 고고학자 핑켈슈타인(Finkelstein)은 최근에 실로(Shiloh)를 발굴했습니다. 성경에 의하면 실로는 언약궤를 보관하던 지파의 중심지였습니다(사무엘상 1). 정밀한 발굴에도 불구하

THE RISE OF ANCIENT ISRAEL
고대 이스라엘의 기원

고 이스라엘의 고고학자들은 기원전 12세기의 성막이나 성소의 흔적뿐만 아니라, 제사와 관련된 어떠한 물품도 찾아내지 못했습니다. 비록 실로는 이전에는 가나안인들이 거주하던 곳이었지만 어떠한 파괴의 증거도 찾을 수 없었습니다. 실로는 12세기에 단순히 새로 이주해 온 사람들에게 넘어가버린 것입니다.

기원전 13세기 후반, 또는 12세기의 것으로 보이는 이스라엘의 사당이 두 개가 있습니다.

하나는 아담 제르탈(Adam Zertal)이 발굴한 세겜 근처의 에발산에 지어진 구조물입니다. 이 구조물은 대부분 기원전 12세기의 것으로, 이것이 바로 여호수아 8:30-35에 기록된 산당이라는 주장이 있습니다. 이곳에서 발견된 이집트의 스캐럽이 13세기 후반의 것으로 측정되기 때문에 이 구조물이 기원전 13세기 후반, 또는 12세기의 것이라고 추정한 것은 옳은 듯합니다. 그러나 에발산의 구조물이 산당이었는지에 대해서는 의문의 여지가 있습니다. 사람이 살았던 흔적이 있는 지층에서 네 가지 동물들의 불에 타고 남은 뼈들이 발견되었는데요, 이 네 가지 동물들 중에서 셋은 성경에 기록된 희생제사에서 사용되던 동물들입니다. 즉, 양, 염소, 송아지는 이스라엘인들이 제사와 관련해 먹을 수 있는 동물이었지만, 네 번째 발견된 동물, 즉 노루는 그러한 동물이 아닙니다. 제르탈은 성경의 기록을 바탕으로 이 구조물로부터 동물의 희생제사를 드리던 하나의 커다란 제단을 재구성해 냈습니다. 만일 그가 옳다면 에발산의 이 구조물은 고고학이 성경에 기록된 구체적인 구조물을 발견해 낸 최초의 경우가 됩니다. 이게 사실이라면 매우 좋겠지만, 사실이 아닐 가능성이 더욱 큽니다. 대부분의 이스라엘 고고학자들은 에발산의 구조물을 일종의 요새가 아니면 농장건물 정도로 보고 있습니다. 저 또한 저만의 생각이 있긴 합니다. 이 구조물이 언덕 위의 전망이 좋은 자리에 위치해 있고, 산위에서 기

THE RISE OF ANCIENT ISRAEL
윌리엄 데버 · 이스라엘인과 가나안인을 어떻게 구별할 수 있을까?

분 좋은 바람이 불어오며, 동물의 불탄 뼈들이 발견된 것으로 보아, 이곳이 바로 고대 이스라엘인들이 토요일 오후에 가족단위로 모여서 바비큐를 즐기던 곳이 아닌가 생각됩니다(웃음).

에발산의 구조물에서 발견된 홍옥(carnelian)으로 만든 스캐럽(scarab)으로 이 구조물의 연대를 밝히는 데 도움을 준다. 람세스 2세(기원전 1279-1213)의 시대에 투트모세 3세(기원전 1479-1425)를 기념하기 위해 만들어진 것으로, 여기에는 중앙에 대문자 B 자를 닮은 문양이 새겨져 있다. 이것은 사실은 왼쪽의 궁수가 들고 있는 두발짜리 활을 새긴 것이다. 오른편에는 투트모세 3세의 이름을 넣은 카투쉬(cartouche)가 새겨져 있다. 같은 장소에서 발견된 또 다른 스캐럽도 또한 람세스 2세 시대의 것이다. 제르탈은 에발산의 구조물이 여호수아가 지은 제단이라고 주장했는데, 이 주장에 대해서는 학자들 간에 논쟁의 여지가 남아있다.

THE RISE OF ANCIENT ISRAEL
고대 이스라엘의 기원

하지만 두 번째 경우는 더 가능성이 높습니다. 바로 황소의 유적지(the Bull Site)로 불리는 장소로 오늘날 이스라엘에서 촉망받는 젊은 고고학자들 중 한 명인 아미하이 마자르(Amihai Mazar)가 발굴한 곳입니다. 이곳은 사마리아 지역의 산간지대 세겜의 북쪽, 성경의 도단(Dothan) 근처에 있습니다. 황소의 유적지는 언덕 위에 따로 세워진 아주 작은 신당으로, 분명 일반 주거지는 아니었으며, 유적물이 거의 없었습니다. 여기에서 나온 도자기 파편들을 근거로 보면, 이 유적지는 기원전 12세기의 것으로 추정됩니다. 주위를 둘러싼 돌들은 신당을 둘러싼 벽을 이루었을 것입니다. 마자르는 자갈이 깔린 지역과 성경이 말하는 마세바(massebah), 또는 돌기둥을 발견했습니다. 제 생각에 이곳은 제사와 관련된 유적지였음이 거의 확실한 것 같습니다. 이곳은 고대 에브라임 부족의 중심부에 위치해 있으므로, 이 유적지는 이스라엘 사람들의 것이라고 생각됩니다. 여기에서 발견된 가장 중요한 유물은 높이가 약 10센티미터 정도 되는 아주 잘 보존된 청동 황소의 형상입니다. 이것은 마자르가 이곳을 발굴하기 이전에 먼저 발견되었습니다. 비슷한 청동 황소의 형상이 하솔에서도 발견되었지만, 이것은 기원전 14세기 가나안인들의 것입니다. 가나안 만신전에서 최고의 신 엘(El)은 "황소 엘"이라는 별칭을 가지고 있었지요. 그의 배우자는 가나안의 위대한 여신 아세라(Asherah)였구요. 중요한 것은 아마도 기원전 12세기에서 기원하는 유일한 이스라엘의 신당인 이곳에서 숭배되던 주요 동물이 바로 옛 가나안의 황소의 신 엘과 동일하다는 점입니다.

청동 황소상 이외에는 이스라엘의 종교에 대한 마땅한 고고학적 증거는 없습니다. 간단히 말하면, 야훼신앙 및 그와 관련된 모든 전통이나 제도들은 의심의 여지없이 후대의 산물이라는 것입니다. 여기에 대해서는 맥카터 교수가 오늘 마지막 강연에서 여러

THE RISE OF ANCIENT ISRAEL

윌리엄 데버 · 이스라엘인과 가나안인을 어떻게 구별할 수 있을까?

분께 말해드릴 것이라 생각합니다. 기원전 12세기 또는 11세기의 초기 이스라엘의 신앙 및 종교적 풍습에 대해서는 고고학적 증거가 매우 부족합니다. 그렇다고 이스라엘이 종교적 행위들을 하지 않았다는 말이 아니라, 단지 그에 대한 고고학적 자료가 별로 없다는 말입니다.

다음으로 초기 이스라엘인들의 거주지에 대해서 살펴보겠습니다. 이미 말씀드렸다시피 중앙산간지역에 기원전 12-11세기로부터 약 200여 개의 거주지가 생겨났습니다. 사실 이제는 이스라엘

하솔에서 발견된 청동 황소상. 사마리아의 도단에서 발견된 것과 매우 흡사한 것으로, 기원전 14세기경의 것이다. 그러므로 분명 가나안인들의 작품이다. 가나안의 만신전에서 최고의 신 엘은 "황소 엘"이라는 별칭을 가지고 있었다.

THE RISE OF ANCIENT ISRAEL
고대 이스라엘의 기원

인들의 산간지대로의 이주를 보여주는 거주지의 숫자가 200여 개가 아닌 300여 개가 넘는 것으로 보고 있습니다.

예루살렘 근처의 두 장소를 한 번 보십시다. 하나는 예루살렘 북동쪽의 아이(Ai)이고, 다른 하나는 아이 근처의 라다나(Raddana)입니다. 아이는 물론 성경에 언급된 곳으로 여호수아 7-8장의 정복 이야기에 등장합니다. 그러나 미국의 보수적인 남침례교의 고고학자인 조 캘러웨이(Joe Callaway)는 성경의 이야기를 입증하고자 아이에서 수년간 발굴을 했으나, 아무 증거도 찾지 못했습니다. 기원전 13세기에는 아이에는 사람이 살지도 않았습니다. 그러므로 이스라엘인들에게 멸망했을 수도 없지요. 아이도 여리고의 경우와 비슷합니다. 하지만 진정 믿는 사람에게는 이러한 사실은 전혀 문제가 되지 않습니다. 신앙에 장애가 되지 않는다는 말이지요. 하긴 여호수아가 존재하지도 않았던 성을 멸망시켰다면 그것 또한 성경에 기록된 것 이상으로 굉장한 기적 아니겠습니까?(웃음) 성경의 이야기를 그대로 믿고 싶으시다면 얼마든지 환영입니다. 하지만 그 믿음을 뒷받침할 고고학적 증거는 없습니다.

캘러웨이는 또한 오늘날의 라말레(Ramalleh)의 외곽에 위치한 라다나(Raddana) 근처에서 유적을 되살리기 위한 발굴에 나섰습니다. 여기에서 그는 기원전 12-11세기의 마을의 유물들을 발견했지요. 이곳의 오늘날의 이름은 키르벳 라다나(Khirbet Raddana)인데 많은 사람들이 이 장소를 성경에 등장하는 옛 엘-비레(El-Bireh)와 같은 곳으로 생각하고 있습니다.

라다나에는 이렇게 뜰이 딸린 집, 또는 제가 기둥으로 만들어진 뜰이 딸린 집이라고 부르는 형태의 가옥들이 잘 보존되어 있습니다. 이 집들은 종종 초기 이스라엘의 주거형태로 여겨져 왔습니다. 중앙의 기둥들이 있는 뜰의 양편에 지붕으로 덮여있고

THE RISE OF ANCIENT ISRAEL

윌리엄 데버 · 이스라엘인과 가나안인을 어떻게 구별할 수 있을까?

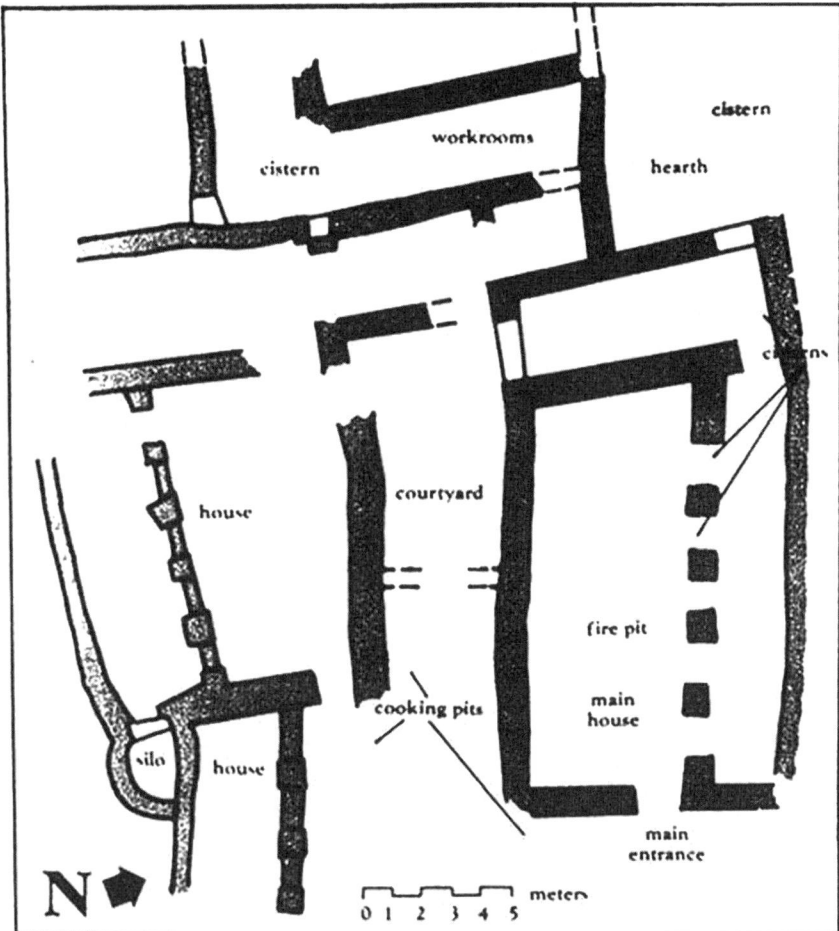

초기 이스라엘의 주거지. 예루살렘에서 약 북쪽으로 16킬로미터 정도 떨어진 라다나에서 기원전 12-11세기의 마을이 발견되었는데, 여기에는 잘 보존된 기둥들을 세워 만든 마당이 딸린 집들이 있었다. 사진에 작업중인 사람 뒤로 집의 가장 큰 방이 보인다(위의 평면도의 오른쪽 아래). 오른편의 네 개의 기둥들은 이 방을 더 오른쪽 가장자리에 있는 좁고 긴 또 하나의 방과 구분을 짓는다. 이 기둥들은 사람들이 살고 잠을 자던 위층을 받치고 있던 것으로 여겨진다. 아래층에는 가축들을 두었을 것이다. 중앙의 뜰 주변으로 대가족이나 친척들을 위한 두 개의 집들이 더 있는데 여기에는 요리를 하기 위한 아궁이가 있다. 이러한 가옥은 가나안의 산간지대에 널리 유행하던 형태이며, 성경에 "아버지의 집"이라고 언급되는 그러한 구조물임이 거의 확실하다.

THE RISE OF ANCIENT ISRAEL
고대 이스라엘의 기원

THE RISE OF ANCIENT ISRAEL
윌리엄 데버 · 이스라엘인과 가나안인을 어떻게 구별할 수 있을까?

자갈이 깔려있는 부분은 가축들을 위한 공간입니다. 음식이나 음료를 저장해두는 넓은 공간도 있었습니다. 집의 마루 아래와 뜰에는 수조를 파서 물을 공급하였습니다. 사실 이 지역에 철기시대 이전에는 사람이 살지 못했던 이유는 바로 수조를 만드는 기술이 완전히 발달하지 못했기 때문이었습니다. 여름철에 산간지대에서는 물을 저장할 수단이 없이는 살 수가 없지요. 중앙의 뜰에는 아궁이가 있었습니다. 집의 위층은 사람들이 살고, 잠을 자는 곳이었습니다.

이와 같은 형태의 가옥들이 중앙산간지대의 거주지들에서 계속해서 발견되곤 합니다. 오늘날 이 거주지들이 있던 산간지대는 거의 황폐해져서 버려졌습니다. 그러나 고고학자들은 과거에는 이 산간지대에 계단식 경작이 광범위하게 이루어졌었음을 보여주는 증거들을 발견하였습니다. 이것 또한 기원전 13세기 말 또는 12세기 초에 완성된 신기술입니다. 계단식 경작이 없이는 팔레스틴 중앙산간지대의 거칠고 가파른 경사지에서 농사를 짓는 것은 불가능했겠지요. 돌로 벽을 쌓아 만드는 계단식 경작지는 땅을 덮고 있는 자갈들을 걷어내고 당나귀나 소가 쟁기를 끌 수 있도록 평평한 땅 표면을 만드는 것이었습니다. 물론 계단식 경작은 겨울철에 빗물이 넘쳐흐르는 것을 막아주어 물이 땅으로 스며들도록 하는 잇점도 있었습니다. 그러므로 계단식 경작은 이전에는 거의 사람이 살지 않던 산간지대를 활용하는 아주 훌륭한 방식이었지요. 이러한 계단식 경작은 새로 이주해 온 사람들의 중요한 발명의 하나로 이 사람들의 기원을 설명하는 단서가 되기도 합니다(여기에 대해서는 나중에 더 설명하겠습니다).

모든 중앙산간지대의 거주지들에서 새로운 집을 지을 때는 예전에 지은 집들과 뜰이나 벽을 공유하곤 했습니다. 래리 스테이거(Lawrence Stager)는 아주 훌륭한 글에서 이 집들과 전체 마을의

THE RISE OF ANCIENT ISRAEL
고대 이스라엘의 기원

구조가 사사기에 기록된 것과 유사함을 보여주었습니다.[1]

지금까지 말했던 이유들로 인해 고고학자들은 여호수아서를 별로 좋아하지 않습니다. 하지만 사사기는 적어도 고고학적 지식을 바탕으로 볼 때 상당한 진실을 담고 있습니다. 사사기에서는 사무엘과 왕들, 심지어 여호수아도 자기 자신이 누구인지를 밝혀 말할 때, "나는 누구누구, 내 아비의 집에 속한 사람이다"라고 했습니다 (히브리어 벧 아브). 스테이거가 밝혔듯이, 이것은 대가족이 함께 살던 공동주거 형태를 가리킵니다. 성서시대에는 오늘날의 요단 서쪽지역 및 중동의 어느 지역과 마찬가지로 남자가 결혼을 할 때 자신의 아내를 그의 아버지의 집에 데려가서 가족과 함께 살게 됩니다. 동시에 조부모도 함께 살지요. 종종 세 세대, 20명 이상의 식구들이 하나의 커다란 대가족을 이루곤 합니다. 그러므로 여러분들이 보신 이 가옥들은 이 산간지대 마을의 전형적인 형태에서의 일부분입니다. 바로 성경에서 말하는 "아버지의 집"이지요. 마을 전체는 아마도 이러한 다세대주택들이 열 두 채 정도가 모여서 형성되었을 것입니다. 이것은 성경의 "미슈파하"로, 단순히 가족을 의미하는 것이 아니라 혈연공동체를 말하는 것입니다. 오늘날 중동의 마을들에서처럼 모두가 서로 관계를 맺고 있는 것이지요. 스테이거는 이러한 건물들과 가구들에서 성경에서 이스라엘인들의 사회, 경제적 구조를 보여주는 단어들을 적용해 보여주었습니다. 스테이거의 논문은 성서고고학에서 지금까지 출판된 가장 성공적인 글일 것입니다. 성서고고학은 존재하지 않을지 모르지만, 스테이거는 아주 훌륭하게 성서고고학의 역할을 수행했습니다(웃

---

1) Lawrence E. Stager, "The Archaeology of the Family in Ancient Israel" *BASOR* 260 (1985): 1-36; Idem, "The Song of Deborah-Why Some Tribes Answered the Call and Otherd Did Not", *BAR*, Jan/Feb 1989, 50-64.

THE RISE OF ANCIENT ISRAEL
월리엄 데버 · 이스라엘인과 가나안인을 어떻게 구별할 수 있을까?

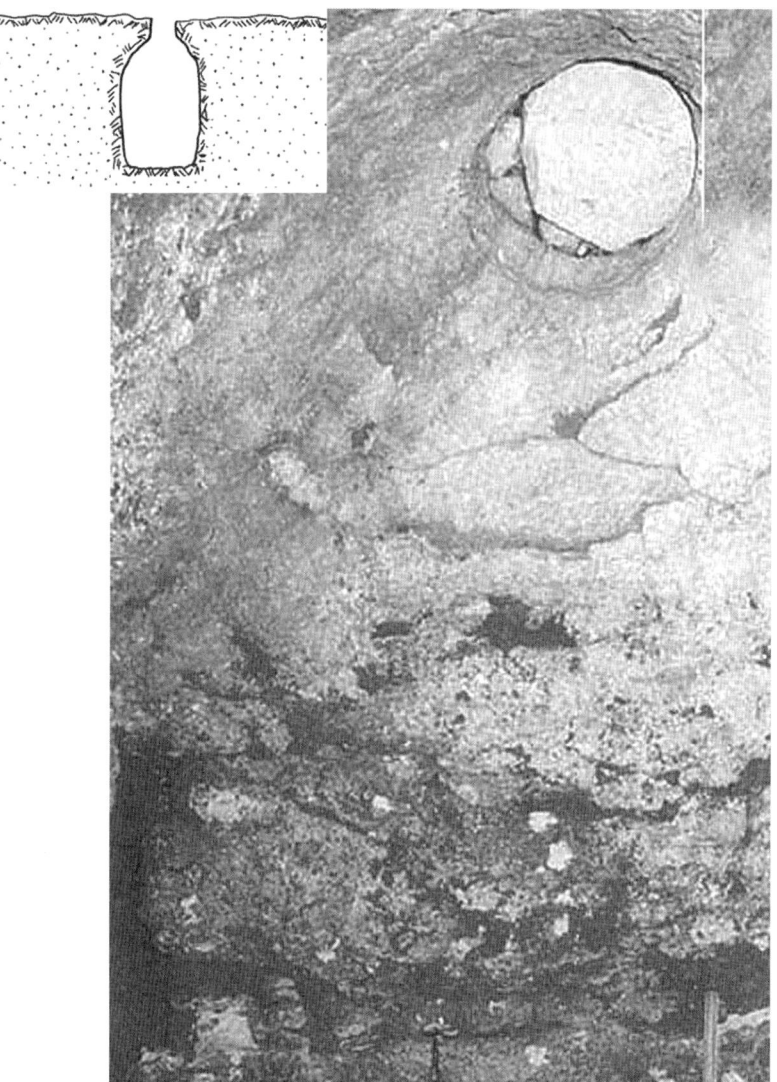

수조의 내부의 모습. 이 가정용 수조의 뚜껑은 아이에서 발견된 것으로, 서로 연결된 여러 수조들의 일부분이다. 철기 1기시대(기원전 1200–1000)에 만들어진 것으로 1960년대에 발견되기까지 잘 보존되어왔다. 암반을 깎아만든 이와 같은 수조들은 그림에서 보듯이 종모양으로 만들어졌다. 철기도구가 발달하여 이러한 수조를 만든 것과 계단식 경작은 초기 이스라엘인들이 가나안의 중앙산간지대에 정착할 수 있도록 해준 주요한 기술적 혁명이다.

THE RISE OF ANCIENT ISRAEL
고대 이스라엘의 기원

음).

 바로 여기, 산간마을에서 우리는 최초로 초기 이스라엘인들에 대한 고고학적 증거를 찾습니다. 이제는 팔레스틴의 높은 언덕을 찾아다니거나 성경의 이야기에 맞는 파괴의 흔적을 찾으려고 땅을 파낼 필요가 없습니다. 대신 우리는 사회, 경제적 상황, 고고학적 발굴에서 드러난 새로운 거주지들이 성경에서 사용되는 용어들을 어떻게 반영하고 있는가에 더 관심을 기울여야 합니다. 비록 기원전 10세기 이전에는 성경이 기록되진 못했지만, 성경의 기록들 뒤에는 무언가가 있습니다. 이 이야기들은 실제의 역사적 사실들을 반영하고 있다는 말이지요. 여기에 대해서도 나중에 더 이야기를 하겠습니다.

 초기 이스라엘의 도기로 여겨졌던 것들이 기원전 13세기 말의 것들과 거의 동일한 것으로 밝혀졌습니다. 바로 청동기 후기의 가나안의 도시 사회에서 발견되는 것들과 같은 것이지요. 이 도기를 지난 30년간 연구한 사람으로서 말씀드리자면, 이 산간지대에 살던 사람들이 전혀 새로운 사람들이라고는 생각지도 않습니다. 건축기술이나 도자기 만드는 기술이 없던 사막의 유목민들이 유입되어 와서 단번에 팔레스틴의 도기의 장인들이 된다는 것은 말이 안되니까요. 이 철기시대 초기(기원전 1200)의 도기들은 약 8-10세기를 거슬러 올라가 중기 또는 후기 청동기의 전통을 잇고 있는 것들입니다. 분명 이 도기들은 산간지대에 정착한 사람들이 팔레스틴 땅에 새로 유입된 사람들이 아님을 보여줍니다. 그들은 상당 기간 동안, 아마도 수 세대에 걸쳐 수 세기 동안 가나안의 도시국가들에서 살고 있었던 사람들입니다.

 한편 초기 이스라엘의 도기는 매우 단조로웠던 반면에, 블레셋인들의 색칠한 도기들은 매우 정교했습니다. 우리는 흔히 블레셋인들을 야만인들이라고 생각해 오지 않았습니까? 이 얼마나 역사

THE RISE OF ANCIENT ISRAEL

윌리엄 데버 · 이스라엘인과 가나안인을 어떻게 구별할 수 있을까?

의 아이러니입니까? 하지만 이러한 것은 유대-기독교 전통의 편견이 가미된 것입니다. 적어도 도기 만드는 기술에 있어서는 초기 이스라엘인들은 블레셋 사람들에 비하여는 미개인들입니다. 어쩌면 이스라엘인들은 영적인 문제들에 대하여는 뭔가 발달된 사상을 가지고 있었을지 모르지요. 하지만 도기들은 별로였습니다. 우리는 이 도기의 정체에 대하여 알고 있습니다. 이것들은 바로 가나안 현지에서 생산되던 것들입니다. 요단 동편이나 이집트의 요소가 가미되지도 않았습니다. 예상되는 도자기 발전과정을 거쳐 갔다는 것 외에는 뭔가 새로운 것도 없습니다.

동시대의 이스라엘인들이 가나안의 전통을 이어받은 단조로운 도기를 만들던 당시, 야만인들이라고 알려진 것과 달리 블레셋인들은 상당히 정교한 색칠을 입힌 도기를 생산했다. 블레셋인들은 에게해의 바닷사람들인 시피플(Sea Peoples)들 중 하나로 기원전 1175년경에 가나안의 해안가에 정착했다. 이들이 처음 새로운 땅에 정착했을 때 현지의 흙을 이용했지만 미케네 양식의 도기를 생산했다. 단색의 도기로 불리는 이러한 도자기들은 검정이나 빨강으로 장식되었다. 12세기 중엽 블레셋인들은 위의 사진에 있는 것처럼 두 색상의 도기를 만들기 시작했다. 이러한 도자기들은 빨강과 검정 두 가지 색을 혼용하여 장식되었다. 사진에 있는 그릇들과 주전자들은 맨 오른쪽의 새와 같은 전형적인 블레셋의 문양을 가지고 있다.

THE RISE OF ANCIENT ISRAEL
고대 이스라엘의 기원

여러 장소에서 소규모 철물기술에 대한 증거를 발견했습니다. 구리와 청동이 많이 발견된 반면, 철은 별로 없었습니다. 철기시대 초기에도 아직 철은 주요도구가 아니었습니다. 이스라엘이 국가를 형성하던 시기인 기원전 10세기 이전에는 철기로 만든 도구들이 별로 발견되지 않습니다. 더 이른 사사 시대에는 구리와 청동뿐 아니라 심지어는 돌로 만든 도구들도 발견됩니다.

이 초기 이스라엘의 산간지대 마을들은 가난하고 단순하며 특별한 예술적, 건축학적 전통 없이 다소 고립된 문화를 형성하였습니다. 그러나 이 사람들이 본래 유목민이었다가 정착하기 시작한 사람들로 보이진 않습니다. 예를 들어, 이 초기 거주지의 사람들도 글을 읽고 쓸 수 있었다는 증거가 발견됩니다. 고고학자들은 때론 상상력이 풍부합니다. 세 글자가 적힌 주전자 손잡이만 발견해도 "글을 읽고 쓸 수 있는 사회였군" 하곤 하지요. 그렇지만 핵심은 누군가가 글을 쓸 수 있었다는 것은 그 사람 외에도 많은 사람들이 글을 쓸 수 있었다는 것을 암시한다는 것입니다. 여기서 발견된 글자들은 복잡한 쐐기문자나 이집트의 상형문자가 아닌, 토착 가나안의 알파벳 문자들입니다. 라다나에서 비문이 기록된 기원전 13세기 말, 또는 12세기 초의 주전자의 손잡이가 발견되었습니다. 한 글자를 복원해서 이 비문을 읽으면 "아히루드의 것" (Belonging to Ahilud)이라는 글이 됩니다. 이것은 성경에도 나오는 이름입니다. 비록 몇몇 단서들 밖에 증거가 없지만, 분명 초기 이스라엘의 거주지들에서는 글을 읽고 쓰는 전통이 이미 시작되고 있었음을 알 수 있습니다.

이 마을들은 청동기 후기의 가나안 도시사회의 파괴된 유적지 위에 세워진 것들이 아닙니다. 대부분 작고 고립된 언덕 꼭대기에 완전히 새롭게 지어졌지요. 이 마을들은 대부분 마을을 보호할 성벽을 세우지 않았습니다. 그 규모도 매우 작아서 앞에서 보았던

THE RISE OF ANCIENT ISRAEL

윌리엄 데버 · 이스라엘인과 가나안인을 어떻게 구별할 수 있을까?

이스라엘인들이 글을 읽고 쓸 줄 알았다는 증거? 라다나에서 발견된 기원전 13세기 말 또는 12세기 초의 이 주전자 손잡이에는 위에서 아래로 알렙(a), 헷(h), 라메드(l)가 기록되어 있다. 달렛(d)을 더하면 "아히루드"라는 이름이 되는데 이는 사무엘하 8:16, 20:24에도 등장하는 동시대 인물의 이름이기도 하다. 윌리엄 데버는 이 손잡이에 가나안의 알파벳이 기록되어 있다는 사실은 초기 이스라엘인들이 가나안인들과 문화적으로 별 다를 바가 없었음을 보여준다고 말한다.

THE RISE OF ANCIENT ISRAEL
고대 이스라엘의 기원

복합 가옥들 세 네 개 정도가 모여서 한 마을을 이루었지요. 약 300여 개 되는 이 거주지들의 인구는 아마도 100명 이하였을 것입니다. 가장 큰 마을도 300명을 넘지는 않았습니다. 이 거주지들의 수와 가옥들의 수를 계산하면 초기 이스라엘의 전체 인구는 예루살렘 남쪽, 북쪽의 산간지역, 그리고 하 갈릴리의 산간지대를 합쳐서 약 75,000명 정도가 됩니다. 그러므로 성경에 나온 부풀려진 인구수는 실제로는 불가능합니다. 바룩 할퍼른이 좀 있다가 말하겠지만, 300만명의 인구가 네게브 사막에서 생존한다는 것은 불가능합니다. 어쨌든 기원전 12세기 팔레스틴에 정착한 초기 이스라엘의 인구를 75,000명 이상으로 보기는 힘듭니다. 하지만 기원전 11세기에 와서는 놀랍게도 그 인구가 두 배가량 늘었습니다.

이제 허셸이 말한 이 거주지들과 관련된 도기들을 살펴볼까요? 바로 소위 목깃이 달린 단지들인데요. 주둥이 주위의 목깃은 단순한 장식이 아니라 기능도 가지고 있습니다. 바로 단지의 목부분을 강화하기 위한 것이지요. 이 단지들은 높이가 1미터 가량 되는 큰 단지들임을 잊지마시기 바랍니다. 이러한 단지들은 가나안의 도시국가에서는 발견되지 않습니다. 이 단지들은 이스라엘 거주지에서 발견되는 유일한 새로운 형태의 단지들입니다. 왜 그럴까요? 그 답은 간단합니다. 이 단지들이 이 마을들의 생존을 위해 경작물의 여분을 보관할 수 있는 이상적인 형태의 것들이기 때문입니다. 농촌지역의 전형적인 단지들이지요. 그러므로 가나안인들과 이스라엘인들의 도기의 차이는 인종적인 것에 기인한 것도 아니고, 시대적 차이에 의한 것도 아닙니다. 단순히 도시냐 농촌이냐에 따른 기능적인 차이이지요. 우리가 보고 있는 단지들은 농촌의 것입니다. 허셸이 이미 말했지만 이 저장용 단지들은 더 이른 시기에서도 종종 발견되곤 합니다. 초기 이스라엘이 정착한 곳이 아니었던 요단 동편에서도 발견되었습니다. 그러므로 이 단지는 일부

THE RISE OF ANCIENT ISRAEL

윌리엄 데버 · 이스라엘인과 가나안인을 어떻게 구별할 수 있을까?

학자들이 주장하듯이 이스라엘 고유의 것이라고 할 수 없습니다. 단순히 산간지대에 살던 사람들이 자신들의 형편에 맞게 사용하던 실용적인 단지였을 뿐이지요.

이제 이스라엘 핑켈슈타인(Israel Finkelstein)이 발굴한 이즈벳 사르타('Izbet Sartah)를 보십시다. 이즈벳 사르타는 기원전 1200년이 되기 조금 이전에 일부 파괴된 가나안의 커다란 도시인 아펙(Aphek) 근처에 있습니다. 저는 감히 이곳이 바로 고대의 에벤에셀이라고 주장합니다. 블레셋인들이 이곳에서 언약궤를 갖고 있었다는 성경의 이야기를 기억하시지요?(사무엘상 4:1-18). 이곳을 잘 알고 나면 그 전쟁이 어떠했는지를 또한 알 수 있습니다. 이스라엘인들은 평야쪽으로 점차 기세를 넓혀 갔지만 여전히 거대한 가나안의 도시들의 그늘에서 살고 있었습니다. 이 지역이 바로 두 세력의 중간지대로서 블레셋의 평야와 이스라엘인들이 정착한 산간지대의 자연적 경계를 이루는 곳이지요. 이즈벳 사르타에는 기원전 12세기에서 10세기 중엽까지 세 유적층이 있습니다. 핑켈슈타인에 의하면 가장 아래의 층(III)은 둥글게 원을 이룬 집들로 구성되어 있습니다. 그는 유목민들이 정착하기 시작한 증거라고 주장했습니다. 다시 말하면 이 집들은 그 배열이 베두인들이 큰 원이나 타원의 형태로 그들의 막사를 짓던 방식과 비슷하다는 것이지요. 또한 미국의 서부시대 개척 당시 마차들을 큰 원의 형태로 세워놓던 방식도 마찬가지였지요. 아주 흥미로운 이론이지만 거의 확실히 틀린 것입니다. 핑켈슈타인 밑에서 발굴 감독으로 일했던 즈비 레더만(Zvi Lederman)은 사실 그러한 원형으로 배열된 집들은 없었다고 말했습니다. 핑켈슈타인이 직접 그린 평면도를 보시죠. 검은색으로 된 부분이 발굴된 부분이고, 흰색으로 된 부분은 그가 재구성한 것입니다. 여기서 그는 그 자신의 자료를 간과했습니다. 핑켈슈타인은 이즈벳 사르타에의 가장 이른 층에서 발

THE RISE OF ANCIENT ISRAEL

고대 이스라엘의 기원

견된 도기들은 이스라엘의 것이지만 청동기 후기의 가나안의 것들과는 완전히 다른 것이라고 주장했습니다.

저는 게제르에서 발굴을 한지 25년이 지났습니다 게제르는 이즈벳 사르타에서 겨우 12킬로미터 떨어져 있고, 저는 이러한 도기들을 무수히 연구했습니다. 이즈벳 사르타에서 출토된 도기들은 게제르에서 발견된 것과 동일합니다. 기원전 12세기의 게제르를 이스라엘의 거주지라고 할 사람은 아무도 없습니다. 의심할 바 없이 가나안인들의 거주지니까요. 게제르는 청동기 후기에 파괴되지 않고 철기 1기 시대까지 커다란 도시로 지속되었습니다. 하지만 게제르와 이즈벳 사르타의 도기들은 같은 도공이 만들었을 수도 있습니다. 정말 차이점이 없거든요. 만일 이즈벳 사르타의 사람들이 이스라엘인들이었다면, 그들은 분명 가나안 양식의 도기를 사용했던 것입니다.

핑켈슈타인은 분명 이 사실을 알고 있었습니다. 그래서 그는 오늘날의 유목민들과의 비교를 시도했고, 베두인이나 오늘날의 유목민들이 정착해서 농민이 되어가는 것처럼, 고대의 유목민들(그가 말하는 "이스라엘인들")도 가나안의 도기 전통을 흡수했다고 주장했습니다. 그는 이스라엘인들이 요단 동편에서 왔다거나 또는 이집트에서 왔다고 주장하지 않았습니다. 이스라엘인들은 단지 이제 막 정착하기 시작한 유목민들이었다는 것이지요. 유목민들이 정착하는 경우가 있다는 것에 대하여는 누구도 이의를 제기하지 않습니다. 그러나 저는 이 초기 이스라엘인들은 대부분 전혀 유목민들 출신이 아니었다고 주장합니다(뒤에 여기에 대해서 더 언급하겠습니다).

이즈벳 사르타의 다음 지층(II)에서는 건축에 있어서 변화를 볼 수 있습니다. 여기서도 허셀이 여러분께 보여드렸던 뜰이 딸린 형태의 가옥들이 나타납니다. 이 지층에서 고고학자들은 잘 보존된

THE RISE OF ANCIENT ISRAEL
윌리엄 데버 · 이스라엘인과 가나안인을 어떻게 구별할 수 있을까?

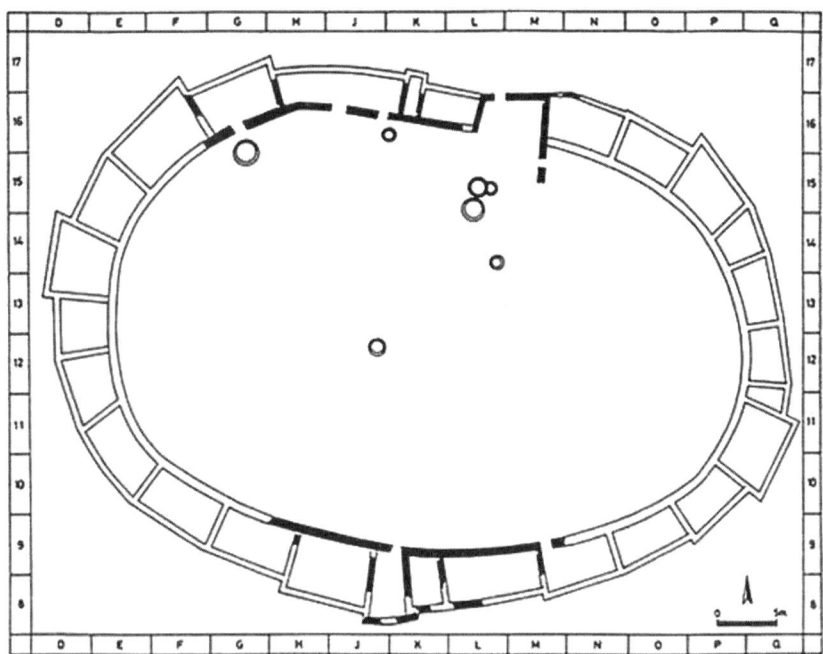

마차들을 원형으로 배열시킨 모습? 위의 평면도는 이즈벳 사르타('Izbet Sartah)의 유적층 Ⅲ(기원전 13세기 말에서 11세기 전반)를 보여주는 것으로 검은색으로 된 부분이 발굴된 곳이다. 고고학자 이스라엘 핑켈슈타인은 흰색 부분을 재구성해 냈다. 그는 이렇게 집들이 원형으로 배열된 것이 베두인들이 그들의 움막을 배열하거나 미국 서부개척 당시 개척자들이 침략자들로부터 자신들을 보호하기 위해 마차를 원형으로 배열했던 방식과 유사하다고 주장했다. 그는 이즈벳 사르타의 지층 Ⅲ 당시의 거주민들은 이제 막 정착하려는 유목민들이었다고 했다. 그는 이 사람들은 건축양식과 도자기 형태에서 가나안 사람들과 구별되는 이스라엘인들이라고 주장했다.
윌리엄 데버는 이즈벳 사르타의 기원전 13세기 말의 건물들은 원형으로 배열된 것이라는 근거가 희박하다고 보았다. 왜냐하면 대부분이 핑켈슈타인의 재구성이기 때문이다. 데버의 분석에 따르면 여기에 살던 사람들과 게제르에 살던 가나안인들과의 유물들에 있어서의 차이는 전혀 없다.

씨앗들과 뼈들을 발견했는데 이는 이 사람들이 경험이 풍부한 가축업자들임을 보여줍니다. 그들은 곡식을 충분히 남길 정도로 생산을 할 수 있었던 숙련된 농부들이었기도 합니다. 그들은 과연

THE RISE OF ANCIENT ISRAEL
고대 이스라엘의 기원

남은 곡식들로 무엇을 했을까요? 그들은 그것들을 저장고에 넣어서 보관했는데, 이 산간지대의 거주지에서는 이러한 저장고들이 무수히 발견됩니다. 이 거주지들은 고립된 농가들입니다. 그러므로 도시와 교역이 거의 없었지요. 그러므로 잉여 곡식들을 반드시 저장해 두어야 했습니다.

우연히도 이러한 가옥들은 이스라엘과 유다의 마지막 때인 기원전 6세기까지 계속해서 사용되었습니다. 이것이 바로 이스라엘의 가옥 형태가 된 것이지요. 제 생각에는 이렇게 가옥의 형태가 일정하게 유지된 것은 바로 이 초기 이스라엘인들이 성경에 등장하는 후대의 이스라엘인들의 직계 조상들이라는 하나의 증거입니다. 이것이 제가 이 산간지대 정착민들을 "이스라엘인들"이라고 부르는 이유 중의 하나입니다. 기원전 10세기에서 6세기까지 그들의 물질문명에 있어서의 연속성도 분명합니다. 만일 이즈벳 사르타 같은 곳에 살던 사람들이 이스라엘인들이 아니라면, 나중에 이스라엘과 유다에 살던 사람들도 이스라엘 사람이 아니라고 해야 마땅할 것입니다.

이즈벳 사르타에 있는 구덩이에서는 비문이 새겨진 도자기 파편이 발견되었습니다. 이 비문은 다름아닌 알파벳이 순서대로 기록된 것(abecedary)이었습니다. 이 비문은 아마도 학생이 글쓰기를 연습삼아 썼던 것이었을테지요. 그 연대는 기원전 1100년 조금 이전이었을 것으로 추정합니다. 명백히 이렇게 사람들이 알파벳을 연습하고 있었다는 것은 그 사람들이 글을 읽고 쓸 줄 알았다는 것을 보여줍니다. 그런데 여기에는 아주 흥미로운 특징이 있습니다. 히브리어는 후에 오른쪽에서 왼쪽으로 썼는데, 이 경우는 그렇지 않습니다. 왼쪽에서 오른쪽으로 기록된 것이지요. 또한 몇몇 글자는 제 순서가 아닌 곳에 기록되어 있고, 또 어떤 글자는 모양이 좀 잘못되었습니다. 즉 이 비문은 아주 초보자의 기록입니다.

THE RISE OF ANCIENT ISRAEL

윌리엄 데버 · 이스라엘인과 가나안인을 어떻게 구별할 수 있을까?

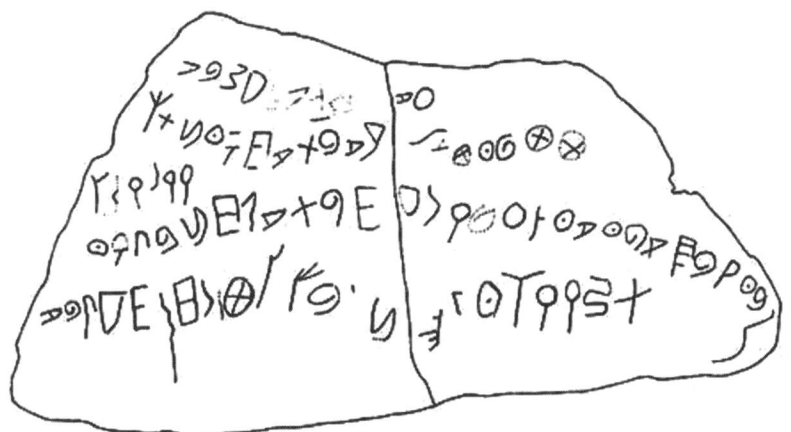

철기시대의 한 학생의 과제물? 기원전 1100년이 조금 못 된 어느 때에 이즈벳 사르타의 한 학생이 도자기 파편에 알파벳을 기록한 것이다. 이러한 도자기 파편을 우리는 알파벳 텍스트(abecedary)라고 부른다. 위의 경우 마지막 줄에는 거의 완전한 원-히브리어 알파벳이 기록되어 있다. 이상하게도 이 알파벳은 나중의 히브리어와는 달리 왼쪽에서 오른쪽으로 기록되었다. 더욱 중요한 것은 이 문자들은 가나안 문자들이라는 점이다. 그래서 윌리엄 데버는 초기 이스라엘인들은 이 당시 가나안의 언어와 문자와 구별될 수 없는 동일한 말과 문자를 사용했다고 주장한다. 히브리어는 기원전 10세기 이스라엘 왕조가 세워지기 전에는 한 국가의 언어와 문자로 등장하지 못했다.

THE RISE OF ANCIENT ISRAEL
고대 이스라엘의 기원

그렇다고 하더라도 이 비문이 무엇인가에 대해서는 의심할 바가 없습니다. 이것은 알파벳이며, 그 문자들은 가나안의 문자들입니다. 그러므로 이 초기 이스라엘인들은 그들이 누구였던간에 가나안 문자를 쓰고 가나안의 방언 중 하나를 말하였던 사람들입니다. 히브리어는 아직 한 국가의 공식언어와 문자로 등장하지 않은 상태였습니다. 이는 기원전 10세기에 이스라엘 왕국이 세워지면서 가능해졌던 일이지요.

지금까지 이야기했던 많은 거주지들은 기원전 10세기, 이스라엘 왕조가 수립될 즈음해서 다 버려졌습니다. 고대이스라엘에서 도시화가 시작되면서 이러한 외곽지역의 마을들은 더 이상 지속될 수 없었지요. 많은 곳들은 다시 사람이 살지 않게 되어서 커다란 언덕으로 쌓여서 남지도 못하게 되었고, 그러한 이유로 지난 10년 또는 15년까지만 해도 고고학자들의 눈에 발견되지 못했던 것입니다. 그러나 이들은 고고학적으로 매우 가치 있는 장소들입니다. 왜냐하면 후세의 다른 사람들이 거주하지 않았기 때문에 처음 정착했던 사람들의 유물이 지표면 아래 바로 보존되어있기 때문이지요. 불행히도 오늘날의 개발 때문에 많은 장소들이 급속히 파괴되어가고 있습니다. 게다가 정치적 문제 때문에 몇 년 전만해도 이스라엘인들이 발굴할 수 있었던 요단 서안지구의 발굴도 이제는 어려워졌습니다. 중요한 점은 이 산간지대의 유물들은 사사기에 기록된 사회, 경제구조를 잘 반영하고 있다는 것입니다. 이러한 성서고고학의 더 좋은 예를 찾기는 힘들 것입니다.

저는 또한 여러분께 같은 시기의 텔 마소스(Tel Masos)를 소개하고자 합니다. 고고동물학자들은 여기서 발견된 동물들의 뼈를 분석했는데 그 결과 65퍼센트가 양이나 염소가 아닌 소의 뼈들이었습니다. 즉, 이 사람들은 정착하기 시작한 유목민들이 아니라는 것입니다. 그들은 경험 많은 가축업자들이란 말입니다. 그들은 시

THE RISE OF ANCIENT ISRAEL

윌리엄 데버 · 이스라엘인과 가나안인을 어떻게 구별할 수 있을까?

골뜨기도 아니었습니다. 왜냐하면 해안이 도시들과 교역을 했었음을 도자기들이 보여주고 있기 때문이지요. 핑켈슈타인은 텔 마소스가 이스라엘의 거주지가 아니라고 주장합니다. 왜냐구요? 그가 구상하는 모델에 들어맞지 않기 때문이지요. 성경도 모든 이스라엘의 거주지가 비슷하다고 말하지는 않습니다. 마소스는 여러 면에서 좀 다릅니다. 마소스의 가옥들은 다른 곳의 것들보다 더 규모가 큽니다. 그러나 거대한 건축물은 없습니다. 궁전이나 도시의 성벽, 성문, 신전도 없지요.

실제로 이러한 것들은 이 원-이스라엘인들의 거주지에서는 발견되지 않습니다. 그렇기 때문에 노만 갓월드(Norman Gottwald) 같은 학자들은 이 거주지들의 사회는 원시 민주주의, 또는 평등사회였다는 제안을 하기도 했지요. 제 생각에 이러한 주장은 좀 지나친 것 같습니다. 어느 사회도 계층이 완전히 없을 수는 없습니다. 그럼에도 불구하고 마소스도 다른 거주지들처럼 아직 도시화가 되지는 않았습니다. 어느 거주지에서도 엘리트 계층은 없었지요. 물질문화도 어느 정도 균등화되어 있었습니다. 여러분들은 아마도 사사기의 다음과 같은 구절이 생각나실 것입니다. "그 때에 이스라엘에 왕이 없으므로 사람(every man)이 각각 그 소견에 옳은대로 행하였더라"(사사기 21:25). 남자들이 그렇게 행하였다고 기록되어 있는데, 여자들은 어떠했는지 모르겠습니다(웃음). 300여개의 알려진 곳들 중 약 여섯 개의 다른 거주지들처럼 마소스도 발굴이 되었습니다. 어느 곳도 대단히 크지는 않았습니다. 지난 15년간 지표조사를 해온 결과 철기 1기 산간지대의 거주자들에 대한 우리의 지식이 놀랍도록 발전하게 되었습니다.

그럼 비율을 좀 살펴볼까요? 기원전 13세기 청동기 후기 말엽에 요단 서편의 산간지의 전체에서는 단지 25개의 거주지가 있었습니다. 그러나 철기 1기에 들어서 그 수는 250여 개가 되었습니다.

THE RISE OF ANCIENT ISRAEL
고대 이스라엘의 기원

자연출생으로는 설명할 수 없는 엄청난 인구의 증가가 있었습니다. 기원전 12세기에 많은 사람의 유입이 있었습니다. 이러한 인구의 유입은 인구가 거의 두 배 가량 늘어난 기원전 11세기에 절정을 이루었습니다. 이러한 인구의 변화는 바로 15년 전만 해도 우리가 알지 못했던 놀라운 내용입니다.

이것은 무엇을 의미합니까? 이것은 아주 흥미로운 질문입니다. 아담 제르탈(Adam Zertal)은 세 가지 형태의 단지를 발견했다고 주장했습니다. 하나는 기원전 약 1200년을 전후해서 널리 사용된 것입니다. 약간 다른 형태의 단지가 기원전 12세기 중반기부터 말엽까지 사용되었습니다. 그리고 세 번째 형태의 단지는 기원전 11세기에 등장했습니다. 누구도 이 단지들의 연대에 대하여는 의심을 하지 않습니다. 그러나 제르탈의 해석에는 문제가 있습니다. 그는 오늘날 요단 서안에 있는 옛 므낫세 부족의 영토의 136개 거주지에서 발견된 단지들의 파편을 가지고 연구했습니다. 그의 주장의 핵심은 가장 오래된 단지들은 요단 계곡 중앙산지의 동편 경사면에서 발견되고, 나중의 것은 점차로 중앙과 서쪽에서 발견된다는 것입니다. 제르탈은 그러므로 새로 이주해 온 사람들은 동쪽에서 서쪽으로 이동했다고 주장하는 것이지요. 그렇다면 동쪽 어디에서 온 것일까요? 물론 요단 동편이겠지요.

제가 아는 한 제르탈의 이론은 고고학적으로 입증할 수 없습니다. 이는 실제로는 존재하지 않았던 성경적 과거에 대한 향수에 근거한 것입니다. 제가 가진 통계치수로 증명해 보이겠습니다. 제르탈은 기원전 12세기 중, 후반, 또는 11세기에 정착된 거주지들에서 가장 초기의 단지들 중 단지 5-20 퍼센트만이 발견되었다고 했습니다. 그런데 중요한 점은 비록 적은 숫자라고 하더라도 가장 초기의 단지가 이 거주지들에서 발견되었다는 것은 이 거주지들이 12세기 초부터 이미 사람들이 살기 시작했었다는 것을 의미한

THE RISE OF ANCIENT ISRAEL

윌리엄 데버 · 이스라엘인과 가나안인을 어떻게 구별할 수 있을까?

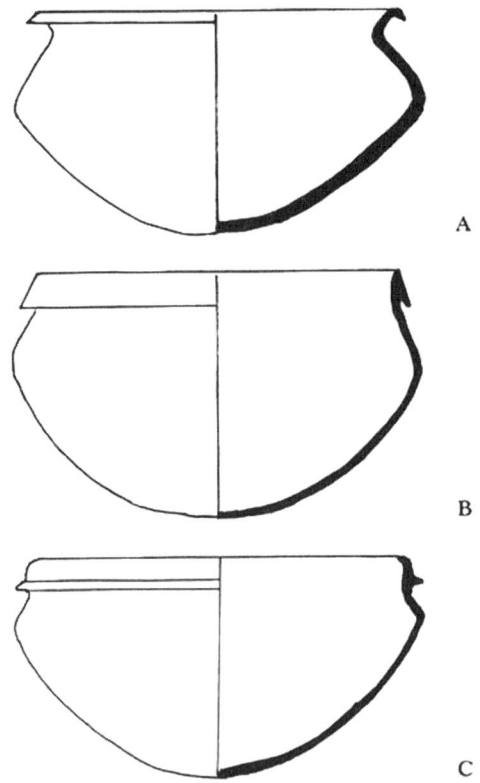

작은 변화, 의미심장한 결과. 위의 그림은 도자기 양식의 미묘한 발전의 과정을 나타낸 것으로 일부 고고학자들은 이것을 근거로 이스라엘인들이 요단 동편에서 가나안으로 이주해 오면서, 처음엔 동쪽 산간지역, 그리고 후에 서쪽으로 나아갔다고 주장한다. 위의 그림에서 왼편은 단지를 외부에서 본 모습이고, 오른쪽은 도자기의 중간을 잘라낸 단면을 보여준다. 검은색 선은 도자기의 두께를 나타낸다. 맨 위의 첫 번째 형태의 단지(기원전 13세기 말에서 12세기 초)는 외부로 꺾인 가장자리가 특징이다. 중간의 것은 기원전 12세기 중, 후반에 널리 사용된 것으로 가장자리가 덜 뾰족하다. 세 번째 형태는 기원전 11세기에 등장한 것으로 가장자리에 길게 튀어나온 부분이 있다.

아담 제르탈은 가장 오래된 단지는 동쪽 언덕에서 발견되고, 후기의 단지일수록 중앙과 서쪽에서 발견된다고 주장했다. 제르탈은 이를 이스라엘이 동쪽에서 서쪽으로 이주했다는 증거라고 믿는다. 이에 반해 윌리엄 데버는 제르탈의 발견에도 불구하고 단지의 형태로 그러한 주장을 하는 것은 적합하지 않다고 본다. 제1기의 도기가 제2기의 장소에서 발견된다는 것은, 제2기의 장소에도 그 이전부터 사람이 살고 있었어야 한다는 것이다. 그러므로 동쪽에서 서쪽으로 이스라엘인들이 이주했다는 이론은 더 이상 옳지 않다.

THE RISE OF ANCIENT ISRAEL
고대 이스라엘의 기원

다는 것입니다. 처음에는 작은 거주지가 나중에 더 커졌겠지요. 어쨌든 이스라엘인들은 초기부터 이 거주지들에 정착했을 것입니다. 간단히 말하면, 동쪽에서 서쪽으로의 인구의 이동은 없었다는 것입니다. 제르탈은 지표조사에 의존하고 있음을 기억하시기 바랍니다. 지표조사란 고고학자가 지표면에서 발견한 도자기 조각 몇 개만을 가지고 결론을 내리는 피상적인 조사입니다. 제르탈이 조사한 곳과 같은 작은 규모의 거주지에서는 10-15개 정도의 단지의 조각들만이 전부일 수도 있습니다. 이 정도 숫자에 근거한 통계수치는 전혀 의미가 없는 것이지요. 지표조사만으로는 무언가를 알아내기 힘듭니다. 그러나 제르탈의 초보적인 통계자료는 그가 틀렸음을 보여줄 뿐입니다.

이스라엘 핑켈슈타인도 에브라임 지파 지역에서 고고학적 조사를 했습니다. 그의 조사 결과는 그의 교과서적인 책, *The Archaeology of the Israelite Settlement*에 보고되어 있습니다. 이 책은 성서학에 변혁을 가져올 만큼 훌륭한 책입니다. 그렇다고 해서 그가 다 옳다는 말은 아닙니다. 그는 115개의 거주지를 조사했습니다. 그도 초기에 정착한 거주지들은 동편에 있다고 주장했습니다. 하지만 그는 요단동편이 아닌, 팔레스틴 서부에서 이주가 시작되었다고 했습니다. 그러나 핑켈슈타인은 이 거주자들이 가나안의 도시들에서 왔음을 언급하지는 않았습니다. 그는 이 사람들은 수 세기동안 그 지역에 살던 유목민들이었으나 이제 산간지대에서 정착을 시작했다는 것입니다. 하지만 제가 지적하고 싶은 것은, 산간지대의 제일 서쪽, 서편 경사지에 핑켈슈타인이 발굴한 이즈벳 사르타가 있는데, 그는 이곳이 기원전 13세기 말에 사람들의 거주가 시작되었다고 했습니다. 바로 모든 이스라엘 거주지 중에서 가장 초기의 것이라는 말이지요. 그렇다면 동편에서 서편으로 이스라엘인들이 이주했다는 주장과 맞지가 않습니다. 오히려 서

THE RISE OF ANCIENT ISRAEL

윌리엄 데버 · 이스라엘인과 가나안인을 어떻게 구별할 수 있을까?

편에서 동편으로의 이주가 더 어울리지요.

 게다가 비록 산간지대 동편에 초기의 정착지들이 있었다 하더라도 그에 대한 나름대로의 이유가 있습니다. 여러분이 만일 가나안 도시국가에서 도망을 간다면 어디로 가겠습니까? 바로 산등성이를 넘어 더욱 안전한 동쪽으로 갔겠지요. 그리고 15년 정도 지나서 상황이 호전되면 어떻게 하시겠습니까? 아마 더 좋은 목초지, 더 경작하기 좋은 땅이 있는 서쪽으로 조금씩 이주를 하겠지요.

 그러므로 도기의 유형과 지표조사에서 나온 상대적 통계치수에 근거한 위의 이론들은 오해의 여지가 있습니다. 위의 두 명의 이스라엘 고고학자들은 아마도 알브레히트 알트의 요단 동편에서의 평화적 침입설을 은근히 지지하고 있는 듯합니다. 그러나 이스라엘 고고학자들은 정치적 문제로 요르단에서 출토된 물품들을 다루진 못합니다. 제가 말씀드리자면 요르단에서는 고고학적으로 이스라엘인들이 유목민 출신임을 보여줄 만한 증거가 거의 없습니다.

 잠시 정리를 좀 해보겠습니다. 전형적인 초기 이스라엘의 정착지에는 중앙에 뜰이 있고 이층에 잠자고 생활할 공간이 있는 가옥들이 있었습니다. 평평한 지붕은 음식을 건조하고 만드는데 유용했습니다. 오늘날 서안지구에 있는 아랍 마을을 방문하시면 요즘도 그러한 가옥을 목격하실 수 있을 것입니다. 저는 그러한 가옥들을 그리스, 이탈리아, 시리아, 터키, 요르단 등에서도 보았습니다. 요점은 이러한 고대의 가옥들이 딱히 이스라엘의 전유물은 아니었다는 것입니다. 단지 철기 1기 초기에 유행한 실용적인 가옥들이었을 뿐이지요. 초기 이스라엘인들은 이러한 형태의 가옥을 다른 많은 것들과 마찬가지로 다른데서 빌어온 것입니다.

 초기 이스라엘의 거주지들에 대한 연구 결과 이들의 문화는 옛 것과 새것을 모두 포함한 복합적 문화였습니다. 안뜰을 도입한 것

THE RISE OF ANCIENT ISRAEL
고대 이스라엘의 기원

은 새로운 것이었습니다. 사회, 경제적 구조도 새로운 것이었습니다. 그러나 도기를 만드는 기술이나 금속을 다루는 기술은 가나안 청동기 후기의 사회와의 연속선상에 있습니다. 초기 이스라엘인들은 철기 1기 이전에는 사람이 살지 않던 팔레스틴 중앙 산간지대에 정착한 개척자적 농민들이었습니다. 그들은 성경이 기술하듯 메소포타미아에서 출발해 비옥한 초승달 지역을 따라 시리아로, 그리고 팔레스틴으로 이주해온 유목민들이 아니었습니다. 그들은 또한 오늘날의 베두인도 아니었습니다. 물론 그들 중 일부는 가축을 길렀겠지만, 전문 양치기들은 물론 아니었습니다. 그들 대부분은 가나안 사회의 비주류권 출신의 농민들이었습니다.

창세기의 이야기들이 유목민의 삶을 반영하는 것은 사실입니다. 그러나 이것은 문학이지 역사가 아닙니다. 이스라엘인들의 조상들 대부분이 유목민이었다거나 사막을 지나온 미개인들이라고 믿을 근거는 없습니다. 그들은 삶의 터전을 잃은 가나안인들이었습니다. 그들은 대부분 가나안 사회의 여러 구성원 출신들로서 산간지대 개척지에 정착하기로 작정했던 사람들입니다.

*Biblical Archaeology Review*에는 허셀이 여러분께 말씀드린 람세스 2세의 부조가 실렸는데, 일부 학자들은 이 부조가 메르넵타에 의해 다시 새겨진 것이라고 믿고 있습니다.[2] 여기에는 래리 스테이거가 발굴중인 아스겔론의 함락 장면이 있습니다. 아스겔론을 가리키는 이집트어 비문 위에는 한 무리의 사람들이 있는데, 프랭크 유르코(Frank Yurco)는 이들을 이스라엘인들이라고 생각합니다. 메르넵타는 그의 유명한 "승리의 석비"에서 이스라엘이라고 불리는 사람들을 무찔렀다고 주장했지요. 그러므로 그는 이스라엘인들이 어떻게 생겼는지 알고 있었을 것입니다. 유르코는

---

2) Frank J. Yurco, "3,200-Year-Old Picture of Israelites Found in Egypt", *Biblical Archaeology Review,* September/Octorber 1990.

THE RISE OF ANCIENT ISRAEL

윌리엄 데버 · 이스라엘인과 가나안인을 어떻게 구별할 수 있을까?

이 장면이 초기 이스라엘인들을 실제로 묘사한 것이라고 주장합니다. 반면, 이스라엘 학자 앤슨 레이니(Anson Rainey)는 이스라엘인들은 이 장면 다른 곳에 묘사되어 있다고 주장합니다.[3] 그러나 제 생각에는 초기 이스라엘인들이 어떻게 생겼는지에 대한 믿을 만한 실제 묘사는 없습니다. 고고학적 관점에서 보면, 우리는 그들의 사상과 종교적 믿음, 풍습에 대해서는 별로 아는 게 없습니다. 하지만 그들의 사회, 경제적 구조에 대해서는 많은 것을 알고 있습니다. 그들의 기술들, 그리고 그들이 정착한 지역의 인구에 대해서도 잘 알고 있지요.

이제 우리가 가졌던 원래의 질문으로 되돌아가 봅시다. 이스라엘인들은 누구였습니까? 그들은 어디서 왔으며, 그들은 가나안인들과 어떻게 구별됩니까?

제 판단으로는 고고학적 증거와 성경의 내용, 특히 사사기의 기록을 바탕으로 보면 초기 이스라엘인들은 도시 출신의 도망자들, 변두리지역 출신들, 약탈을 일삼던 사람들, 사회 부적응자들과 불만세력들 등등 아주 다양한 사람들로 구성되어 있었습니다. 비록 고고학적으로는 증명할 수 없지만, 일부 학자들은 이들을 야훼신앙으로 가득찬 사회개혁주의자들로 보기도 합니다. 그들은 실제로 종교 개혁적 사상들을 가지고 있기도 했습니다. 그들의 거주지와 물질문화에는 원시적 민주주의가 반영되어 있기도 합니다.

아마도 이들 중에는 일부 유목민 출신들도 있었을 것입니다. 심지어 일부는 요단 동편에서 옮겨왔을지도 모릅니다. 바룩 할퍼른이 문학전승을 분석한 결과에서 주장하는 것과 마찬가지로 저도 이스라엘인들이 된 사람들 중 일부는 실제로 이집트에 있었을 것이라고 생각합니다. 이것이 성경의 전승을 지키는 유일한 길입니

---

3) "Anson F. Rainey's Challenge" and "Yurco's Response" in *Biblical Archaeology Review*, November/December 1991.

THE RISE OF ANCIENT ISRAEL
고대 이스라엘의 기원

다. 그렇지 않으면 성경의 이야기를 모두 허구로 볼 수밖에 없지요. 하지만 이 여러 종류의 사람들 중에 새로 유입된 사람들은 대부분 가나안인들이었습니다. 이들 모두는 산간지대에는 처음 정착한 사람들이었지요. 이것이 또한 새로운 일이었습니다. 그러나 새로운 인구의 유입에도 불구하고, 그들의 기술, 특히 도기 만드는 기법과 그들의 언어와 문자들은 가나안의 문화와의 강한 연속성을 보여주는 옛것이었지요.

간단히 말하면, 여러분이 기원전 12-11세기 팔레스틴의 중앙산간지대를 걷다가 몇몇 사람들을 마주치게 된다면 여러분들은 그 사람들이 이스라엘인지, 가나안인인지, 블레셋사람인지 구분하기 힘들었을 것입니다. 그들은 아마도 생김새와 옷입는 방식, 말이 다 비슷했을 것이기 때문이지요. 인종이나 민족을 구분할 수 있게 해 주는 요소들은 고고학적 기록에서 다 사라져버렸을 것입니다.

그렇다면 어떻게 이 사람들이 이스라엘인들이었음을 알 수 있을까요? 제 대답은 간단합니다. 우선 성경에서 이들을 이스라엘인들이라고 부를 뿐만 아니라, 메르넵타 비문도 스스로를 이스라엘이라고 부르며, 이집트인들에게도 이스라엘인들로 알려졌던 사람들이 기원전 1200년 이전의 팔레스틴에 살고 있었음을 분명히 알려주고 있습니다. 물론 이 이스라엘인들이 후대의 성경에 등장하는 이스라엘인들과 완전히 동일한 사람들은 아닐 수도 있습니다. 하지만 이 철기 1기 초기에 산간지대에 정착했던 사람들을 이스라엘이라고 부르는 것은 제가 고안해 낸 것이 아닙니다. 이는 성경과 성경 외의 문학 전통에서도 입증되는 것이지요.

또 하나 생각해 볼 점은 의심할 바 없이 이스라엘의 왕조시대였던 기원전 10세기와 그 이후, 문질문화에 연속성이 유지되었습니다. 여기서 발견되는 유물들을 기원전 12-11세기의 것들과 비교해 보면 별 차이가 없으므로, 기원전 12세기의 사람들도 이스라엘 사

THE RISE OF ANCIENT ISRAEL
윌리엄 데버 · 이스라엘인과 가나안인을 어떻게 구별할 수 있을까?

람들이었다는 것입니다. 이러한 이유들로 저는 철기 1기 초기에 산간지대에 정착했던 사람들을 비록 인용부호를 사용하긴 하지만 "이스라엘인들"이라고 부릅니다. 하지만 사실 저는 "원-이스라엘인들"이라는 명칭을 더 선호하긴 합니다.

제가 제시하는 모델은 아마도 현재까지 제안된 것들 중에 가장 유용한 모델이 아닐까 생각합니다. 하지만 모델이란 결국 가설이며, 이는 맞든지 틀리든지 둘 중 하나입니다. 어쩌면 앞으로 10-15년 이후에는 다른 설명을 듣게 될지도 모릅니다.

성경에 언급된 장소와 오늘날의 아랍어로 똑같은 이름을 가진 곳을 우리가 발굴한다고 가정해 봅시다. 거기에서 우리가 아주 잘 보존된 파괴의 흔적을 담은 지층을 발견했다고 가정합시다. 타다 남은 재가 두텁게 쌓여 있고, 도자기들의 파편들이 널려 있으며, 모두가 죽어있는 고고학자들이 소망하는 그러한 지층말입니다. 그리고 여기에서 우리는 새로운 양식의 도기, 새로운 매장관습, 새로운 물질문화를 발견했다고 칩시다. 또한 아주 운이 좋아서 "나 눈의 아들 여호수아는 기원전 1207년 4월 9일 화요일아침 이 장소를 이스라엘의 하나님, 야훼의 이름으로 전멸시켰노라"라고 기록된 비문을 발견했다고 합시다(웃음). 여러분들은 아마도 그러한 발견을 성경의 역사성을 입증해주는 고고학적 증거라고 생각할 것입니다. 이것이 바로 이전 세대의 고고학자들이 생각했던 방식이지요. 하지만 그렇지 않습니다. 성경의 주장을 잘 보세요. 성경의 주장이 무엇입니까? 이스라엘이 가나안을 정복한 것이 아니라, 야훼께서 가나안을 이스라엘에게 주었다는 것입니다. 이건 신학적 단언입니다. 고고학적으로 입증되는 성질의 것이 아니지요. 마찬가지로 고고학적으로 틀렸다고 입증할 수 있는 것도 아닙니다. 중요한 점은 수 세기 이후에 구약성경의 저자와 편집자들이 그들의 경험을 뒤돌아보았을 때, 그들은 그들이 어떻게 현재에 이르게

THE RISE OF ANCIENT ISRAEL
고대 이스라엘의 기원

되었는지를 이해할 수 없었다는 것입니다. 그들 자신의 기원이 어디에 있었는지를 설명할 수 없었다는 것이지요. 그들에게는 이 모든 것들이 단지 기적일 뿐이었습니다. 그들의 영적 후손인 우리들이 어찌 감히 그들과 생각을 달리하겠습니까?

THE RISE OF ANCIENT ISRAEL

월리엄 데버 · 이스라엘인과 가나안인을 어떻게 구별할 수 있을까?

질의응답

질문 선생님, 제가 이해하기로는 이집트의 아바리스(Avaris)에서 발견된 도기들도 가나안의 형태의 것입니다. 그렇다면 이스라엘 사람들이 가나안 양식의 도기를 만들 수 있었던 것은 그들이 고센 지역에서 왔음을 보여주는 것이 아닐까요?

답변 허셜이 앞에서 말했듯이 그렇습니다. 그러나 핵심은 그 가나안 양식의 도기들은 청동기 중기(기원전 1650-1550년)의 마지막 단계의 것입니다. 이스라엘이 등장하기 수 세기 이전의 것이지요. 저는 그곳의 발굴자인 만프레드 비탁(Manfred Bietak)과 심한 논쟁을 벌였는데요, 저는 그가 발견한 것들이 실제로 가나안 양식의 유물들이고, 이는 허셜이 말했듯이 무수히 많은 가나안인들(Asiatics)[4] 이 기원전 2천년대 상반기에 나일삼각주 동편으로 이주했음을 보여주는 것이라고 주장했습니다. 바룩 할퍼른이 이에 대해 다시 말씀드릴 것입니다. 이것이 아마 후대의 성경의 이야기의 역사적 근거가 되는 사실일 것입니다.

저는 처음으로 바룩이 말하는 모든 것에 전적인 동의를 표합니다. 저는 성서 전승의 주요 편집자들 중 요셉의 부족이라고 불리는 사람들, 베냐민지파의 일부, 유다와 므낫세에 속한 사람들이 있었을 것이라고 봅니다. 그리고 실제로 그들 중에는

---

[4] 역자주: 원문에 언급된 Asiatics는 오늘날 우리가 생각하는 아시아인들의 개념이 아니고, 이집트인들이 가나안인들을 지칭할 때 쓰던 단어이다.

THE RISE OF ANCIENT ISRAEL
고대 이스라엘의 기원

이집트에서 그들의 시각에서 보기에는 기적적으로 탈출한 사람들이 있었을 것입니다. 그들은 그들의 경험을 가나안에서 온 다른 많은 사람들에게 주입시켰을 것입니다. 이스라엘은 여러 부족의 연합체였습니다. 성경도 이에 대해 말하고 있지요. 에스겔서를 보십시오. "네 근본과 네 땅은 가나안이요 네 아비는 아모리 사람이요 네 어미는 헷 사람이라"(에스겔 16:3). 이스라엘인들은 그들의 조상이 누구인지 기억하고 있었습니다. 그들은 자신들의 문학전통에서 이 모든 사람들을 포괄적으로 "모든 이스라엘"로 만들어버렸지요. 성경의 이야기에서 암시되는 문화적 통일성은 아마도 기원전 13-12세기에는 존재하지 않았고 그 이후에 발전된 것으로 보입니다. 이를 결집시키는 단결의 요소는 아마도 야훼신앙이었을 것입니다. 물론 이것을 고고학적으로 밝힐 수는 없지요. 허셸이 말한 이집트에서 발견된 청동기 후기 가나안 도자기들은 무역을 통하여 들어온 것입니다. 이집트인들에 의해서 가나안에서 온 상선으로부터 하역되어 들여온 것들이지요. 그러므로 인구의 유입과는 별 상관이 없는 것이란 말이지요. 말하자면, 이스라엘 조상들의 일부는 이집트에 있었던 것이 맞습니다. 하지만 분명 모두가 이집트에서 온 것은 아닙니다.

질문 교수님께서는 대부분의 이스라엘인들이 가나안 출신으로 다소 살기 어려운 지역인 산간지대에 올라가서 정착했다고 하셨습니다. 그들이 정확히 어디에서 왔으며 어디로 간 것입니까?

답변 그것에 대해서 구체적으로 말하기는 힘듭니다. 제 생각에 그들은 청동기 후기의 가나안 도시뿐 아니라 시골에서도 왔을 것입니다. 계단식 경작지는 하루아침에 지을 수 있는 것이 아

THE RISE OF ANCIENT ISRAEL

윌리엄 데버 · 이스라엘인과 가나안인을 어떻게 구별할 수 있을까?

닙니다. 소를 기르는 것도 마찬가지이구요. 제 생각에 이들 대부분은 숙련된 농부들입니다. 이것이 물론 노만 갓월드가 말하는 소작 농민(peasant farmers)의 개념은 아닙니다. 소작농(peasant)이라는 개념은 후대에 생겨난 것이므로 이를 이스라엘에 적용하는 것은 옳지 않습니다. 이 사람들은 숙련된 농민이며 가축업자들이었습니다. 소작농들이 아니라 독립적으로 경작지를 운영하던 사람들이었지요. 그들은 외국인들도 아니었습니다. 본래의 터전을 잃은 가나안인들이었습니다. 더 이상 구체적으로 그들을 정의하기는 어렵습니다.

질문 만일 그들이 도시출신 가나안인들이었다면 어떻게 농경에 익숙할 수 있었습니까?

답변 앞에서 말씀드렸듯이 그들 모두 또는 대부분이 도시출신은 아니었습니다. 그들 중에는 도시에서 도망쳐 온 사람들이지만 한 세대 또는 그 이상 시골에서 살았던 경험이 있는 사람들이 있었을 것입니다. 아마르나 편지들에 의하면 가나안 도시국가들은 기원전 1400여 년경부터 이미 붕괴되기 시작했습니다. 많은 사람들이 이 가나안 도시들을 벗어나기 시작했으므로 늘 변화하기 마련인 농촌인구들은 이미 많이 불어나 있었습니다. 산간지대는 이들이 쉴 만한 곳이었지요. 바로 기독교인들과 사회에 불만을 품은 단체들이 오늘날 남부 레바논에서 산간지대로 은둔한 것과 마찬가지입니다.

질문 이전 질문에 부수적인 질문을 하자면, 교수님께서는 주요 사회, 경제, 정치적 단위가 미슈파카, 즉 가족이었다고 주장하시는 것입니까?

THE RISE OF ANCIENT ISRAEL
고대 이스라엘의 기원

답변 그렇습니다. 고고학적으로 우리는 사회사에 대해 말할 수 있는데 그것이 맞는다고 생각됩니다. 고고학자로서 저는 초기 이스라엘을 개혁적 성향을 지닌 농경사회운동으로 봅니다. 그러한 운동은 역사속에서 종종 있어 왔지요. 고고학자들은 그 이상은 밝혀낼 수 없습니다. 여호수아와 사사기, 사무엘상하의 기록들은 초기 이스라엘의 농경사회적 성격을 잘 보여줍니다.

질문 이 사람들이 다양한 출신배경을 가지고 있었으므로 그들 중에 일부는 금속을 다루는데 전문가였을까요?

답변 아마도 그들 중 일부는 도기를 만들 줄 알았듯이, 철을 다루는 법을 잘 알고 있었을 것입니다. 하지만 이는 한정된 것이었습니다. 말하자면 사회적 필요를 생산해 내는 사회경제적 기본 단위는 가족이라는 것입니다. 나중의 이스라엘 사회와 종교는 여기서 발전되어 나간 것입니다. 그리고 이것이 성경의 전승과도 일치하는 것이구요.

질문 교수님께서는 서로 가까운 두 마을들을 설명해 주셨습니다. 하나는 한 형태의 도자기들이 발견된 가나안 거주지이구요, 그 옆에 있는 다른 하나는 이스라엘 거주지입니다. 이스라엘 거주지에서 나온 도기들이 교역을 통해 들어온 것이 아닌지 어떻게 알 수 있습니까?

답변 왜냐하면 그게 거기에 있던 도자기의 전부이니까요. 일부가 아니라 모든 도자기가 교역을 통해 들어왔다고 주장하기는 쉽지 않겠지요? 두 장소의 도자기 형태는 정말로 비슷합니다.

THE RISE OF ANCIENT ISRAEL

윌리엄 데버 · 이스라엘인과 가나안인을 어떻게 구별할 수 있을까?

하지만 다른 점은 이것입니다. 에벤에셀(만일 이즈벳 사르타가 정말 성경의 에벤에셀이라면)에서는 아펙(Aphek)의 것과는 전혀 다른 가옥의 형태가 발견되었습니다. 아펙에는 전혀 다른 경제와 사회 체제가 존재했지요. 아펙에서는 지도자의 거대한 궁전이 있었고, 도시사회를 반영하는 쐐기문자로 기록된 문서들이 발견되었습니다. 에벤에셀은 몇 킬로미터 떨어진 농가였습니다. 비록 도자기는 같지만, 살던 사람들은 달랐습니다. 즉, 다른 민족적 배경을 가진 사람들이었다는 것이죠. 제가 "민족"이란 말을 정의하지는 않았지만 여러분 모두 그 단어가 무엇을 의미하는지 아실 것입니다. 한 사회의 구성원들이 자신들을 다른 사람들과 다르다고 생각하면 다른 것입니다. 그게 바로 초기 이스라엘의 상황이었습니다. 이들은 이미 기원전 12세기에 자신들의 민족적 정체성을 가진 사람들이었습니다. 성경에 나타난 이 정체성은 점차로 변화하고 성장해 가지만, 이미 기원전 12세기에 이스라엘인들은 그들이 무언가 다르다는 것을 알고 있었습니다. 그러나 이 말이 초기 이스라엘인들이 특별하다는 것은 아닙니다. 그들은 단지 달랐고, 스스로를 다르다고 생각했을 뿐입니다.

결론을 맺자면, 단지 도자기 몇 개만 보면 안 됩니다. 발견된 도자기 전체를 보아야 합니다. 그리고 도자기만 봐서도 안 됩니다. 그 발굴장소 전체의 면모들을 살펴야 합니다. 비교를 하려면 그런식으로 해야 합니다.

질문 그들은 어떤 점에서 달랐습니까?

답변 성경의 전승에 의하면 그들의 신앙뿐만 아니라 그들은 도덕적으로도 우월했습니다. 고고학자로서 저는 그게 사실인지

THE RISE OF ANCIENT ISRAEL
고대 이스라엘의 기원

아닌지는 말할 수 없습니다. 종교란 종종 그러하듯이 사회변화의 중요한 요소입니다. 하지만 이에 대하여는 우리는 문서를 연구하는 학자들에 의존할 수밖에 없습니다. 다행히도 오늘 우리는 이에 대해 많은 연구를 한 카일 맥카터 교수의 강연을 듣게 됩니다. 그는 야훼신앙과 그 기원에 대해서 말할 것입니다. 저는 고고학적 증거들의 한계에 대해서 솔직합니다. 고고학자들은 정치사, 종교사를 다루는 데 한계가 있습니다. 그러나 우리는 사회사, 경제사를 다룰 수는 있습니다. 성경의 기록에서 한 명칭을 따와서 발견된 유물에 적용한 다음 이것이 이스라엘인들의 것으로 보인다고 말할 수도 있겠습니다. 하지만 그것이 결정적인 증거는 못되지요. 그러므로 우리는 계속 연구해야 하고, 저 또한 이렇게 여러분을 만날 수 있는 것 아니겠습니까?(웃음) 감사합니다.

데버 교수의 비판에 대한 응답

> 데버 교수께서 이스라엘의 기원에 대한 논쟁에 기여한 세 명의 다른 학자들, 즉 이스라엘 핑켈슈타인, 노만 갓월드, 아담 제르탈의 견해에 대해 직접적으로 언급했기 때문에, 이 심포지움의 내용이 책으로 출판된 이 지면에서는 그분들께도 데버 교수의 주장에 대한 변론의 기회를 드리기로 했습니다. 이 학자들이 자신들의 견해를 밝힌 이후 이에 대한 데버 교수의 응답이 다시 이어집니다.

이스라엘 핑켈슈타인(Israel Finkelstein, 텔아비브 대학교 고고학연구소)

빌 데버와 그의 "원-이스라엘인들"에 대한 이론에 대한 또 하

THE RISE OF ANCIENT ISRAEL

윌리엄 데버 · 이스라엘인과 가나안인을 어떻게 구별할 수 있을까?

나의 논쟁을 시작하기에 앞서 저는 허셀처럼 저도 데버의 학문적 업적에 대한 존경심을 가지고 있음을 밝힙니다. 데버가 오늘날 최고의 성서고고학자 중 한 명임에 대하여는 의심의 여지가 없습니다. 게제르의 방어체제, 청동기 중반기의 성격, 그리고 초기 이스라엘의 기원에 이르기까지 제가 데버와 논쟁을 벌일 때 저는 항상 그의 발굴작업 및 팔레스틴 고고학에 대한 그의 이론적 기여에 감사하는 마음을 가지고 있었습니다.

데버는 그의 강연에서 초기 이스라엘의 기원에 대한 갓월드의 입장을 취했습니다. 그의 이론은 1970년대에 갓월드의 사회혁명 이론의 지지자들이 이미 제안한 세 가지 근거에 바탕을 두고 있습니다. 일반적으로 받아들여지던 이 세 개의 근거들은 1980년대에 이스라엘의 중앙산간지대의 고고학적 발굴의 결과 새로운 증거들이 등장하면서 모두 그 근거를 잃었습니다. 저는 우선 그의 이론을 지탱하고 있는 세 개의 핵심근거들을 살펴보려고 합니다.

첫 번째 근거 : 가나안의 산간지대에서 이스라엘이 등장한 것은 두 개의 기술적 혁명에 의해 가능해진 것이다.

데버는 이미 반세기 이상이 지난 올브라이트의 이론을 따르고 있습니다. 철기 1기의 산간지대로의 대규모 이주는 땅을 파서 저수지를 만드는 새로운 기술 덕분이라는 것이지요. 그는 말하길, "사실 이 지역이 철기시대 이전에는 제대로 사람이 살지 못했던 이유가 바로 땅을 파서 저수지를 만드는 기술이 완전히 발달하지 못했기 때문입니다"라고 했습니다. 여기에는 세 가지 커다란 맹점들이 있습니다.

   A. 가나안의 중앙산간지대는 청동기 초기와 중기에 이미 많은 사람들이 살고 있었습니다.

THE RISE OF ANCIENT ISRAEL
고대 이스라엘의 기원

B. 1968년의 연구결과로 저수지를 파는 기술은 이미 청동기 중기에 완성이 되었으며 이미 청동기 초기에도 상당한 수준에 이르렀음이 밝혀졌습니다. 지속적인 물의 공급원이 없는 이 산간지대에도 청동기 초기와 중기에 이미 많은 거주지들이 있었습니다. 그러므로 회반죽을 바른 저수지를 파는 기술은 이 외진 지역으로의 이주를 가능케한 요소라기보다는 이 건조한 지역에서의 정착의 결과로 보아야 합니다.

C. 많은 철기 1기의 산간지대 주거지들은 그러한 저수지가 없었습니다. 분명 그곳의 거주민들은 물을 먼 곳에서 길어와 전형적인 철기 1기의 커다란 항아리에 저장해 두었습니다.

데버는 추가로 계단식경작지는 "기원전 13세기 후반과 12세기 초반에 완성된 신기술"이며, 이 기술 때문에 "원-이스라엘인들"(데버가 철기 1기에 가나안 산간지대에 정착한 사람들을 부르는 아주 적절한 이름)이 산간지대를 유용하게 이용할 수 있었다고 했습니다. 그는 또한 계단식 경작지를 지을 수 있는 기술은 그들이 유목민이 아닌 시골에서 정착민 생활을 했던 사람들이었음을 보여준다고 했습니다. 이 이론도 산간지대 정착의 역사가 알려지기 시작하던 당시 이미 학자들이 제안했던 내용입니다. 이제 철기 1기의 정착 과정이 시작된 산간지대는 계단식 경작지를 지을 필요가 없었던 곳이라는 것이 분명해졌습니다. 그들은 사막의 외곽지역, 중앙산맥의 산간협곡, 벧엘 평원같은 평지에 정착했기 때문이죠. 게다가 계단식 경작이 없이는 농사짓는 것이 불가능했던 서쪽 경사지에서는 청동기 중기 때부터 사람들의 활동이 있어 왔는데, 이는 계단식 경작지가 그 당시부터 이미 건설되고 있었음을 알려줍니다. 계단식 경작이 그 이전인 청동기 초기부터 시행되고 있었음을 암시하는 증거가 있습니다. 이 산간마을에 올리브와 포도 재

THE RISE OF ANCIENT ISRAEL
윌리엄 데버 · 이스라엘인과 가나안인을 어떻게 구별할 수 있을까?

배가 광범위하게 이루어지고 있었지요. 그러므로 계단식 경작은 산간지대로의 이주와 원예농업 시작의 결과이지, 사람들의 이주를 가능케한 기술혁신은 아니었습니다. 계단식 경작은 단지 그들이 원예농업을 하고 있었음을 보여줄 뿐, 그들의 기원에 대해서는 아무것도 알려주는 것이 없습니다.

두 번째 근거 : **청동기 말기 평야지대의 거주지들과 철기 1기 산간지대의 거주지들 사이에 분명한 물질문명의 연속성이 있다. 데버에 의하면 이는 산간지대의 이주민들이 평야지대에 정착해서 살던 사람들이었음을 보여준다.**

데버는 "초기 이스라엘의 도기들은 기원전 13세기 말의 것들과 거의 동일합니다. 바로 청동기 후기 가나안 도시사회에서 나온 것들과 같은 것들이지요"라고 했습니다. 실제로 철기 1기 산간지대에서 발견된 일부 도기들은 청동기 후기의 것들과 흡사합니다. 하지만 그와 동시에 근본적인 차이점들이 있습니다. 철기 1기 산간지대의 것들은 단순하고 평범하지만 청동기 후기의 것들은 다양하며, 풍부한 장식들이 특징입니다.

어느 경우이든 중요한 질문은 과연 우리가 도기들만을 가지고 그 도기들을 만든 사람들의 기원에 대해 말할 수 있는가 하는 것입니다. 도기를 만드는 전통은 그 생활환경, 사회경제적 여건, 이 이전의 전통, 주변지역의 관습, 그리고 이주한 경우 본토에 있을 때의 습관 등에 두루 영향을 받게 마련입니다. 철기 1기의 가나안 정착민들의 경우, 청동기 후기와의 연속성은 기껏해야 이미 이전 시대의 도기 전통을 이어가던 철기 1기 평야지대의 영향으로밖에는 보이지 않습니다. 또한 불연속성도 나타나는데 이는 산간지대의 사람들이 작고 고립된, 거의 전제주의적 시골마을에서 살았기

THE RISE OF ANCIENT ISRAEL
고대 이스라엘의 기원

때문입니다. 연속성과 불연속성 모두 환경과 사회경제적 여건에 의한 것이지 청동기 후기 평야지대에 기원하고 있는 것이 아니란 말입니다.

철기시대 초기의 산지 거주민들의 건축학적 전통, 특히 방 네 개짜리 가옥도 마찬가지입니다. 초기 이스라엘인들이 "다른 여러 가지 것들과 함께 이 가옥의 구조를 빌려왔다"고 데버가 주장한 것도 틀렸습니다. 지난 세기 동안 수십 개의 청동기 후기 거주지들을 연구했지만 단 하나의 이러한 형태의 가옥의 원형을 찾을 수가 없었습니다. 방 네 개짜리 가옥은 청동기 후기에서 이어받은 것이 아니고, 철기 1기에 정착민들이 그들의 산지환경에 맞추어 나가기 위해 발전시킨 가옥입니다.

철기 1기 산간지대 거주지들의 물질문화도 원-이스라엘인들의 기원에 대한 수수께끼를 풀어주지는 못합니다. 그러므로 우리는 현대 고고학의 세부 분야인 정착 패턴의 연구, 즉 마을들이 어디에 어떻게 분포했는지에 대한 정보에 의존할 수밖에 없습니다.

세 번째 근거 : **철기 1기의 정착의 물결은 산간지대에서 처음 있었던 대규모 정착과정이었다.**

데버는 팔레스틴의 중앙산간지대는 "철기 1기 이전에는 거의 사람이 살지 않았다"라고 말했습니다. 그는 철기 1기의 정착민들은 평야지대에서 왔다고 결론을 내렸지요. 이 주장 역시 1960년대의 고고학 연구와 들어맞습니다. 최근의 연구는 중앙산간지대가 철기 1기 이전에 두 차례에 걸쳐 많은 사람들이 거주했었음을 보여줍니다. 바로 이스르엘과 브엘세바 사이의 지역에서 수십 개의 정착지가 세워졌던 청동기 초기와, 같은 지역에서 250여 개의 거주지가 발견된 청동기 중기입니다. 이 자료는 현재 우리가 다루고

THE RISE OF ANCIENT ISRAEL
윌리엄 데버 · 이스라엘인과 가나안인을 어떻게 구별할 수 있을까?

있는 정착과정을 이해하는 데 결정적입니다.

원-이스라엘의 거주지들의 나중 역사에 관해서 데버는 그들 대부분이 "기원전 10세기경에 버려졌다"라고 했습니다. 이 말은 이즈벳 사르타, 기혼, 키르벳 라다나, 아이 같은 일부 철기 1기의 정착지들에게 정확히 들어맞는 사실입니다. 사실 이 정착지들은 바로 그러한 이유 때문에 발굴이 된 경우이죠. 철기 1기의 거주지들은 발굴하기가 쉽기 때문입니다. 하지만 대부분의 철기 1기의 산간지대 거주지들은 철기시대 내내 사람이 거주하였습니다. 예를 들어 남부 사마리아에서는 115개의 철기 1기 거주지들 중 단지 22개(19퍼센트)만이 철기 2기에 버려졌고, 76개는 오히려 철기 2기에 와서 더 확장되었습니다.

데버는 또한 제가 아펙 근처의 평야가 내려다보이는 사마리아 언덕 밑자락에 위치한 이즈벳 사르타에서 발굴한 결과를 가지고 문제를 삼았습니다. 저는 이곳의 제3 지층을 중앙의 커다란 뜰을 넓은 방들이 둘러싼 타원 형태로 재구성했는데요, 데버는 남아있는 흔적이 충분하지 않다는 이유로 재구성한 구조를 받아들이지 않았습니다. 데버는 이즈벳 사르타의 유물들은 철기 1기의 사람들이 도시이든 시골이든 평야지대에서 왔음을 보여준다고 주장했습니다. 이즈벳 사르타의 평면도를 자세히 보시면 넓은 방 일곱 개와 주변 담벽의 거의 40퍼센트가 발굴되었음을 아실 수 있을 것입니다. 이 정도면 제가 재구성한 것을 충분히 뒷받침해줄 만큼의 증거가 됩니다. 제3 지층의 재구성은 다른 곳에 있는 철기 거주지들과의 비교를 통해 이루어진 것으로, 이는 이즈벳 사르타에 대한 저의 보고서와 제 책 *Archaeology of the Israelite Settlement*를 데버가 논평하면서도 받아들인 방법론입니다.

데버는 이즈벳 사르타의 거주민들의 기원에 대한 제 이론을 반박하면서 이렇게 말했지요. "그렇다면 어떻게 정착민들이 동에서

THE RISE OF ANCIENT ISRAEL
고대 이스라엘의 기원

서로 이동했단 말입니까? 오히려 그들은 서에서 동으로 이동한 것 같네요." 초기 이스라엘에 대한 저의 연구에서 저는 항상 철기 1기의 초기 단계에서 정착민들은 건조한 지역에 어울리는 작물과 가축 낙농업에 기반을 둔 경제체제를 선택했었다고 주장해 왔습니다. 이즈벳 사르타 근방에 있는 현대화되기 이전의 아랍 마을의 경제도 바로 이와 같은 경제체제를 유지했습니다. 아담 제르탈과는 달리 저는 초기 이스라엘인들이 동에서 서로 이동했음을 보여주려고 시도하진 않았습니다. 저는 오히려 이를 경작과 가축업에 어울리는 지역(사막 주변부, 중앙산간지대의 동편, 산밑자막 등)에서 원예농업에 적합한 지역(중앙산간지대의 서쪽 경사부분)으로의 이동으로 봅니다. 이러한 지역적, 경제적 확장은 초기 이스라엘의 정치적 발전에 대해서도 알려줍니다.

이러한 인구상의 발전을 수십 개의 거주지의 지표조사에서 발견된 도기의 연구를 통하여 추적해 낼 수 있습니다. 하지만 놀랍게도 데버는 지표조사의 수량적 분석의 중요성을 무시해버렸습니다. 그는 주장하길 철기 1기의 한 작은 거주지에서 "여러분이 10-15개의 요리용 단지를 발견했다고 칩시다. 그러한 것에 기초한 통계는 전혀 의미가 없습니다"라고 했지요. 하지만 도기를 연구할 때 10-15개의 도기를 가지고 있는 한 지역을 보는 것이 중요한 게 아니고, 그 지역 전체를 보아야 합니다. 그러므로 10-15개의 도기를 출토한 100개가 넘는 거주지를 분석했다면, 이는 그 어떠한 발굴결과보다도 신뢰할 만한 증거가 됩니다.

요약하자면, 초기 이스라엘의 등장에 대한 문제를 저수지, 계단식 경작, 도자기 같은 증거로 해결하려고 한다면 이는 20여 년 전에 우리가 처해 있던 상황으로 되돌아가는 것과 다를 바 없습니다. 이제 산간지대의 광범위하고 종합적인 조사에서 밝혀진 새로운 자료들에 의존해야 옳습니다.

THE RISE OF ANCIENT ISRAEL

윌리엄 데버 · 이스라엘인과 가나안인을 어떻게 구별할 수 있을까?

1. 가나안 땅에서 이스라엘이 등장한 것은 장기간의 측면에서 보아야 합니다. 한 장소에 사람들이 정착한 과정을 연구하려면 정착이 시작되던 때보다 수 세기 이전부터 그 장소가 버려진 이후까지 조사를 해봐야 합니다. 이스라엘의 기원에 이 방법을 적용하려면 청동기 중기부터 철기 2기까지 인구의 변화를 다 살펴보아야 합니다.

2. 철기 1기의 산간지대 정착과정은 인구가 팽창하고 쇠락하기를 반복한 세 번째 과정의 정점이었습니다. 이 발전은 세 번의 정착과정(청동기초기 I, 청동기중기 IIB-C, 철기 I)과 그 사이사이에 두 번의 정착과정의 위기(청동기중간기, 청동기 후기)를 거쳤습니다. 그러므로 원-이스라엘인들의 정착은 2,000년을 걸쳐 진행되어 온 과정의 한 단계였을 뿐입니다. 이 정착은 결국 철기 2기에 국가들이 생겨나면서 끝을 맺게 되었지요. 이 바탕지식 없이 이스라엘의 기원을 이해하고자 하는 시도는 보나마나 실패할 것입니다.

3. 남부 레반트(Levant) 지역뿐 아니라 고대근동과 지중해연안의 다른 지역에서도 산지와 평야는 지정학적으로 구분되어서 서로 다른 사회, 경제, 정치적 구조를 가지고 있었습니다. 그러므로 철기 1기 가나안 산간지대의 특징은 주변의 평야보다는 좀 더 먼 곳의 산간지대와 비교하는 것이 더 유익할 것입니다.

4. 남부 레반트의 다른 경계지역과 마찬가지로 가나안의 산간지대에는 항상 상당수의 유목민들이 있었습니다. 유목민들의 수는 정착생활이 어려워질 땐 늘어나고 안정과 번영의 시대에는 줄어들곤 하지요. 이스라엘의 등장은 이러한 인구변화의 한 부분입니다. 청동기 중기 정치체제의 붕괴는 많은 산간지대 인구가 유목민화되는 계기가 되었지요. 청동기 후기에

THE RISE OF ANCIENT ISRAEL
고대 이스라엘의 기원

는 이 유목민들이 다른 도시들과 밀접한 공생관계를 유지했습니다. 청동기 후기에는 도시 체제에 또 다른 위기가 닥쳤습니다. 그로인해 이 공생관계가 깨어지고 유목민들은 정착생활을 시작할 수밖에 없었습니다. 청동기 후기에서 철기로 넘어가는 시대에 발생한 혼란의 와중에 그 지역사람이든 아니든, 유목민이든 정착민이든 많은 사람들이 산간지대에 정착을 했습니다. 그들 중에는 물론 더 이상 정착생활이 어려워진 평야지대 출신의 사람들도 있었습니다. 이 다양한 무리의 사람들이 천천히, 점진적으로 기원전 10세기의 이스라엘 왕국으로 발전되어 갔던 것입니다.

데버는 이러한 사실들을 고려하지 않았습니다. 대신에 그는 성경의 전통을 따라 이스라엘의 등장을 순환적인 역사의 일부분으로 보지 않고, 획기적이고 유일한 사건으로 본 것입니다.

노만 갓월드(Norman K. Gottwald, New York Theological Seminary)

늘 그렇듯이 저는 데버의 이성적이고 균형잡힌 고고학적 분석에 감탄하였으며, 그가 초기 이스라엘에 대해 말한 것들, 특히 이스라엘이 특수한 지배계층이 없는 농경, 사회운동이었다는 그의 견해에 거의 동의함을 밝힙니다. 또한 데버가 사회, 경제적 역사에 대한 보다 신중하고 꼼꼼한 연구가 필요하다고 한 것에 대해서도 동의합니다. 그가 칭찬한 이스라엘의 가족에 대한 스테이거의 글처럼 데버의 강연도 그러한 사회, 경제적 역사에 크게 공헌한 것이라고 봅니다.

THE RISE OF ANCIENT ISRAEL
윌리엄 데버 · 이스라엘인과 가나안인을 어떻게 구별할 수 있을까?

그 반면에 그가 분석한 고고학적 자료에 한 사회적 모델을 적용하려고 했을 때 데버는 이론적으로 표류해 버렸습니다. 불행히도 데버는 이스라엘의 공동체적 사회를 농경, 사회적 변혁의 시각으로 보면 초기 이스라엘은 그가 주장하는 공생체제보다 더 복합적인 양상을 띠었다는 사실을 보지 못했습니다.

제 견해로는 공생관계는 전혀 복합적인 모델이 아닙니다. 이 모델은 가치가 있긴 하지만 이스라엘이 가나안 문화와의 결정적인 단절이 없이 서서히 산간지대에 뿌리를 내렸다는 제한적인 가설이지요. 공생 모델은 이스라엘의 시작이 전혀 새로운 것이 아니었다고 말합니다. 하지만 이 모델은 초기 이스라엘의 사회경제적 특징들, 특히 이스라엘과 가나안이 어떻게 다른지에 대해서는 알려주지 못합니다. 공생 모델은 이스라엘의 등장을 가나안에서의 사회변혁으로 이해하기 위한 보다 종합적이고 다차원적인 모델을 발전시키기 위한 하나의 선제조건이며 또는 첫 번째 단계라고 할 수 있습니다. 가나안인들은 이러한 사회변혁을 이루어서 독립적이고 자치적인 사회와 문화를 만들었지요.

데버의 이론발전과정 중의 실수는 그가 초기 이스라엘에 대한 최근의 사회비평학적 이론에 대해서 알지 못하고 있기 때문에 기인한 것입니다. 예를 들어 그는 1985년 이후 제가 이미 "농민봉기설"이나 "평등사회" 같은 단어들을 버렸음을 알지 못하고 있습니다. 이 단어들은 초기 이스라엘에 대한 부정확하고 오해를 살만한 개념을 전달하기 때문이지요. 저는 이 단어들을 "농경 사회혁명"과 "공동생산양식"이라는 용어로 바꾸었습니다. 초기 이스라엘에 관한 제 견해에 대한 데버의 비판은 제가 데버의 1985년 이전의 고고학적 해석만을 가지고 데버를 비판하는 것과 마찬가지란 말입니다. 그리고 비록 이 심포지움은 강연자가 어떠한 자료를 바탕으로 강연을 하는지 근거를 제시할 필요는 없지만, 데버가 초기

THE RISE OF ANCIENT ISRAEL
고대 이스라엘의 기원

이스라엘의 사회사와 관련한 다른 학자들의 연구를 참고했는지 의문입니다. 예를 들어 로버트 쿠트(Robert B. Coote)와 키이쓰 화이트램(Keith Whitelam), 제임스 플래네이건(James W. Flanagan), 닐스 렘케(Neils P. Lemche)와 윌리엄 스티빙(William H. Stiebing) 같은 학자들 말입니다.

그러므로 데버의 강연내용은 이미 사회이론가들이 뛰어넘은 1985년 이전의 낡은 농민봉기설에 바탕을 두고 있거나, 아니면 전체의 작은 일부분만을 설명해주는 공생이론입니다.

제가 초기 이스라엘을 공동체적 사회혁명이라고 말했는데요, 이는 이스라엘이 자신들의 생산물을 맘껏 사용할 수 있었던 자유민적 농민이 되었음을 말하는 것입니다. 그 반면에 가나안 농민들은 끊임없이 세금과 빚에 시달려야 했지요. 도시국가들에서는 시민의 보호와 정의의 집행같은 공공 서비스가 약속되긴 했지만 별로 올바르게 제공되진 못했습니다. 이스라엘에서는 이러한 공공 서비스가 부족간의 협력으로 이루어졌습니다. 야훼신앙도 공동체적 운동에 가치와 관심을 두는 종교적 개념을 바탕으로 하고 있지요.

이러한 생산양식의 주요 변화는 약 두 세기 동안 가나안의 산간지대에 광범위하게 영향을 미쳤습니다.

하지만 이정도의 성과를 가지고 사회변혁이라고 말할 수 있을까요? 제 답은 "그렇다"입니다. 그러나 이에 대해 동의를 하느냐 반대를 하느냐는 초기 이스라엘인들이 사회적으로 의도한 것이 무엇이었는지를 인식하느냐와 밀접한 관련이 있습니다. 이 사람들은 무슨 생각을 가지고 있었을까요? 어떻게 이스라엘의 공동생산양식이 등장할 수 있었을까요? 그것이 과연 미리부터 계획된 것이었을까요? 중도에 의도적으로 형성된 것이었을까요? 이것이 문화적 유산을 막아버린 걸까요? 의도하지 않았던 역사적 사건이었

THE RISE OF ANCIENT ISRAEL

윌리엄 데버 · 이스라엘인과 가나안인을 어떻게 구별할 수 있을까?

을까요?

    제가 보기에는 이 문제에 대해 세 가지 관점이 있을 수 있습니다. 어떤 사람들은 이스라엘의 공동생산양식은 이전의 유목민적 삶에서 이어받은 것이라고 봅니다. 그러므로 이스라엘이 정착하면서 당연히 이어나가게 된 문화적 유산이라는 것이지요. 또 어떤 사람들은 공동체적 양식이 가나안에서 발달하게 된 것은 도시국가들과의 단절이 워낙 심해서 외곽지역의 공동체들이 생존을 위해 자신들이 가진 자원들을 활용할 수밖에 없었기 때문이라고 합니다. 그러므로 주어진 상황 때문에 억지로 받아들인 양식이라는 것이지요. 저를 포함한 일부 학자들은 도시국가의 쇠퇴에 아무리 영향을 받았다고 하더라도 이러한 공동체주의는 농작민들, 유목민들, 용병들, 산적들, 국가와 신전을 위해 일하다가 떨어져나간 사람들의 연합에서 볼 수 있는 성격의 것입니다. 이러한 사람들은 함께 도시국가의 지배에 반대했고, 그에 반대하는 사회를 발전시키려고 했지요. 그러므로 그 결과는 당연히 이 사람들에 의해 의도된 것입니다. 그렇다고 이스라엘인들이 사회기구의 모든 면에 동의했다거나, 그들 모두가 그들이 추구하던 내용과 조직에 충성했다거나, 또는 그들이 행하는 일의 결과를 예견하고 있었다는 말은 아닙니다. 이는 그들이 대부분 국가의 주권에서 독립하길 원했고, 대신 여러 문제점에도 불구하고 느슨하게 연합된 자치적인 사회를 추구했다는 말입니다.

    이스라엘의 공동체주의가 유목민의 유물이 아니었다는 데에 대하여 데버와 저는 의견을 같이 합니다. 하지만 데버가 주장하는 공생모델은 가나안과 이스라엘이 문화적, 기술적으로 명백하게 공유했던 것들을 재설명한 것일 뿐입니다.

    제 생각에 데버와 고고학자들에게 가장 큰 도전은 바로 이것입니다. 만일 우리가 초기 이스라엘이 가나안인들과 구별되는 공동

THE RISE OF ANCIENT ISRAEL
고대 이스라엘의 기원

체적 자급자족을 이루었다고 인정한다면, 이 산간지대 이스라엘 인들의 공동체적 삶에 대한 고고학적 증거가 있느냐 하는 것입니다. 저도 그렇지만, 데버는 다음과 같은 말을 종종 하곤 합니다. 고고학적 자료로는 사회적 변혁을 말할 수 없다는 것입니다. 그러나 이 말이 과연 사실일까요? 우리가 찾아온 것은 무엇입니까? 무엇이 그런 증거가 될 수 있을까요? 비문들이요? 산간지대의 더 많은 파괴된 도시들이요? 우리는 더 포착하기 힘들지만 축적되어 온 사회적 증거들을 무시하고 명백히 보이는 정치, 군사적 증거들만을 찾아온 것은 아닐까요?

우리가 가진 사회학적 자료에 대해 생각해 보자면, 데버가 초기 이스라엘의 가옥형태에 관한 스테이거의 사회학적 해석을 언급할 때 그는 이미 방향을 지시한 것이나 다름없습니다. 데버 자신도 사회학적 증거와 관련되는 몇 가지 사항들을 발견했지요. 이스라엘 정착지들이 초기에 산간지대 동편에 집중되었던 것은 도시국가들로부터 독립을 지키기 위한 것이었음을 데버도 이미 지적했습니다. 산간 마을들에 저장고들이 많이 발견된 것은 이 마을들이 도시국가와는 교역을 거의 하지 않았음을 보여준다는 것이지요. 하지만 이 마을사람들이 남들의 통제가 아닌 자신들의 주관하에 경작을 했었으며 자체적인 저장시설에 이 작물들을 보관하였다는 사실을 데버는 왜 인식하지 못했을까요? 제 생각에는 차이점에 강조를 둔 급격한 사회변화가 고고학적 증거와 더 잘 어울립니다. 데버의 공생관계 모델은 동일성에 중점을 두기 때문에 고고학적 자료를 해석할 힘을 잃었습니다.

데버가 사회학적 이론을 받아들이기 꺼려하는 근본적인 이유는 아마도 데버는 이 이론이 과거에 대한 억지 해석들을 극복해 낼 수 있을지 확신이 없었기 때문일 것입니다. 이 이론이 더 종합적일수록 데버는 그것이 땅에서 일어난 사실들을 증거해주는 고고

THE RISE OF ANCIENT ISRAEL

윌리엄 데버 · 이스라엘인과 가나안인을 어떻게 구별할 수 있을까?

학적 자료로부터 멀어질까봐 더욱 걱정인 것이지요. 그는 신명기계 신학의 재구성이나 저의 마르크스 사회이론적 재구성이나 모두 초기 이스라엘에 대해 과장적이고 이념적인 판단을 내렸다고 보고 있습니다. 데버의 말을 빌리자면, "오늘날 과연 누가 마르크스주의자가 되고 싶을까요?" 이에 대해 다음과 같이 대답할 수 있습니다. "마르크스의 사회 이론이 다른 사회 이론들보다 한 사회를 이해하는 데에 더 효과적이라면 누구든 마르크스주의자가 되려고 할 것입니다."

그럼에도 불구하고 데버는 어떠한 형태이든 이론을 제공해야 함을 알고 있으며, 그래서 그는 당분간 공생관계 모델이라는 안전한 선택을 한 것입니다. 왜냐하면 이 이론은 초기 이스라엘의 사회구조와 형성과정에 대해 중요한 핵심들을 밝혀주는 시초가 되긴 하지만, 이 이론 자체는 강력하게 주장하는 것이 별로 없기 때문입니다.

이스라엘의 기원을 다루는 저희들 중 누구도 초기 이스라엘의 다양한 측면들을 다 설명할 수 있는 거대한 이론을 만들 수는 없을 것으로 보입니다. 현재 우리가 가지고 있는 증거들에 맞는 이론적 틀 안에서 가설들을 제시하고 학문적 논의를 통해 지속적으로 개정해 나갈 수밖에 없지요. 저는 고대사회들에서는 사회적 갈등이 있었고, 이 갈등은 마르크스주의적 방법론이 고안해낸 것이 아니라 단지 발견하고 해설했을 뿐입니다. 물론 각 고대사회의 상황에 대한 사회, 역사적 증거를 제시하면서 말이지요. 말하자면, 고대 가나안에서 계층 간의 갈등이 이스라엘이 어떻게 발생했으며 발전했는지를 이해하는데 중요한 단서가 된다는 것이 저의 이론적 도박입니다. 이러한 종류의 학설들을 판단하는 기초는 그 방법론이 현재 일반적으로 인정받는 것이냐도 아니고, 초기 이스라엘인들이 오늘날의 학자들과 같은 이론적 틀을 가지고 사물을 보

THE RISE OF ANCIENT ISRAEL
고대 이스라엘의 기원

았느냐도 아닙니다. 왜냐하면 그들은 분명 우리와 같은 비평적, 과학적 범주들, 즉 문학적, 역사적, 종교적, 심리학적, 또는 사회학적 틀을 가지고 생각하지 않았기 때문이지요. 이론을 분석하는 유일한 기초는 이것입니다. 어떠한 사회학적 설명이 같은 사회적 자료를 다루는 어떠한 다른 이론들보다 상황에 맞게 관련된 증거들을 잘 설명하여 주는가 하는 것입니다.

현실적으로 어느 학자가 다양한 증거들을 다루는, 여러 분야에 걸친 복합적인 이론을 혼자서 분석하며 평가할 수 있겠습니까? 단지 학문적 논의를 통해 이론을 만들고 평가하는 데에 다른 학자들의 연구를 끊임없이 수용하며 나아가는 수밖에 없지요. 성서학자, 성경 외의 문서를 연구하는 학자, 고고학자, 역사학자, 사회이론가 모두가 정기적으로 대화를 하여야 합니다. 성서고고학회가 마련한 이러한 심포지움들은 여러 분야에 걸친 우리의 연구에 매우 중요한 역할을 하는 것입니다. 하지만 모든 관련된 학자들이 참석해야만 올바른 심포지움이 될 수 있겠지요. 데버의 강연은 고고학과 관련해서는 뛰어나지만 사회학적 이론으로 보았을 때 약점이 있는데, 그것은 데버 개인의 잘못이라기보다는 세분화된 학문적 질의들의 구조적 문제 때문입니다. 이러한 상황을 고칠 수 있는 유일한 방법은 이러한 공개적 강연을 하려면 사회학적 이론이 초기 이스라엘의 사회사를 어떻게 밝혀줄 수 있는지에 정통한 사람의 견해를 들을 수 있는 기회를 마련하는 것입니다.

아담 제르탈(Adam Zertal, University of Haifa)

데버 교수의 강연에 응답하면서 저는 다시 한 번 모든 자료들을 제시해야 할 필요를 느낍니다. 어쩌면 저도 이미 토론의 일부분이 되어 있는 것일지도 모르지만 말이지요. 모든 자료들은 이미 발견되고, 분석되고, 출판되었습니다. 도대체 사람들이 관심을 갖고 읽어보긴 하는건지 모르겠네요.

데버 교수가 농담조로 제안한 것처럼 만일 에발산이 피크닉 장소라면, 아마 지금까지 발견된 유일한 피크닉 장소일 것입니다. 그러나 종교적 축제도 대규모 피크닉이나 마찬가지입니다. 사람들은 종교적 축제에서 고기를 먹고, 와인을 마시고, 풍악을 울리고, 동물들의 제사를 올리지요. 사실 저는 에발산은 순례객들이 방문하던 곳이라고 말해 왔습니다. 그러나 모든 자료들을 다시 한 번 글로 제시해야겠습니다(아론 켐핀스키에 대한 제 응답과 에발산에 대한 제 연구결과를 참고하십시오).[5]

그럼에도 불구하고 저는 데버 교수에게 다음의 사실을 주지시키고자 합니다.
1. 에발산의 유적지는 높고 고립된 지역에 위치해 있는데, 마이클 쿠건(Michael Coogan) 및 다른 학자들도 지적했듯이 이는 전형적인 산당의 특징입니다.
2. 철기 IB 시대에 그 지역에서는 주거의 흔적이 없습니다. 유일한 구조물은 제단(아니면 중앙건물)과 그에 딸린 뜰과 경사로뿐입니다.
3. 저는 이 구조물과 비슷한 제단이 성경의 기록, 미쉬나, 그리고 다른 자료들에도 있음을 보여드렸습니다. 제단 이외에는 이렇게 생긴 구조물이 지금까지 발견된 적이 없습니다. 데버 교수는 이 구조물의 세부사항에 대해서 설명하지도 않았고, 만일 이것이 제단이 아니라면 과연 무엇인지 해석하려고 시

---

5) Adam Zertal, "Has Joshua's Altar Been Found on Mt. Ebal?" *Biblical Archaeology Review*, January/February 1985 and "How Can Kempinski Be So Wrong?" *Biblical Archaeology Review*, January/February 1986.

THE RISE OF ANCIENT ISRAEL
고대 이스라엘의 기원

도하지도 않았습니다.
4. 여기서 발견된 뼈들은 다른 청동기나 철기의 유적지들에서 발견된 뼈들과는 그 종류와 불탄 방식, 뼈들의 숫자 등에 있어서 매우 다릅니다. 데버 교수님, 당신은 제 발굴 보고서를 좀 읽어보세요. 거기에 모든 내용이 다 들어있습니다(그나저나 뼈들은 단지에 담겨있던 것이 아니고 층층이 놓여있었습니다. 제 발굴 보고서 114-115를 읽어보세요).
5. 제단 근처에는 그릇들, 보석류 등 100여 개 이상의 물건들이 헌물로 드려져 있었습니다. 이는 철기 1기의 어느 유적지에서도 발견되지 않는 현상이지만, 청동기의 제사장소들과 성경의 기록들에서는 잘 나타나있지요.

모든 고고학자들이 이 구조물이 제단이라고 보지는 않더라도 이러한 이유 때문에 고고학자들은 이 장소가 제사와 관련이 있었다는 데에 동의합니다. 저는 데버가 현재 이스라엘을 이끄는 젊은 고고학자들 중 한 명으로 소개한 아미하이 마자르가 한 말을 인용하겠습니다. "제르탈의 해석의 구체적인 부분에서는 오류가 있을 수 있다. 그러나 에발산 유적지의 제의적 성격과 성경의 내용과의 관련을 생각할 때 그의 견해를 받아들일 만하다."

도기의 흔적에 대해서 말하자면, 정착의 과정과 인구의 이동은 지표조사에서 분석된 도기들의 통계치에 근거해야 합니다. 한 지층의 도기들이 그 장소의 고고학적 시대를 대표한다는 것은 고고학적 연구의 기본전제입니다. 저는 여기서 한 단계 더 나아가고자 합니다. 고고학은 정확한 과학이 아니므로, 제 이론은 도기들은 한 거주지가 세워진 시기를 가늠케 해준다는 것입니다. 제가 분석한 자료에서 도기들의 비율이나 수량은 약간 부정확할 수 있습니다. 그러나 데버가 제 이론을 반박할 근거는 없습니다. 우리는 실제로

THE RISE OF ANCIENT ISRAEL

윌리엄 데버 · 이스라엘인과 가나안인을 어떻게 구별할 수 있을까?

요단 계곡에서 서쪽으로 나아가면서 세 시기에 걸친 도기의 형태들을 발견했습니다. 도기들의 비율은 다르게 해석될 수 있다고 하더라도, 근본적인 사실, 즉 가장 오래된 것들이 동편의 거주지들에서, 나중의 것이 서편의 거주지들에서 발견된 것에는 변화가 없습니다. 만일 이것이 동에서 서로의 이주를 보여주는 것이 아니라고 주장한다면, 도대체 무엇이란 말입니까?

근래에 데버 교수는 새로운 모습을 보여줍니다. 그는 이제 멘덴홀의 열렬한 추종자가 되었습니다. 그건 제가 문제삼는 게 아닙니다. 조지 멘덴홀 교수는 중요한 사실을 지적했으며 우리로 하여금 이스라엘의 기원에 대하여 재고하고 다시 분석하도록 해주었습니다. 아주 큰 공헌이지요. 그러나 건전한 학문은 모든 면을 다 고려하여야 합니다. 우리의 생각과 맞지 않는 것들이라도 말입니다.

아직까지 단 한 명의 고고학자도 에발산에 대한 제 보고에 심각하게 도전한 사람이 없는 것은 우연이 아닙니다. 많은 덜 중요한 문제들도 학회모임의 주제가 되곤 했음에도 불구하고, 에발산의 유적물에 대하여는 학회모임이 한 번도 열리지 않은 것도 우연이 아닙니다. 그 이유는 바로 에발산의 유적물이 아마도 신명기 27장과 여호수아 8:30-35절과 관련하여 너무도 분명하게 이곳이 초기 이스라엘의 제의 장소임을 보여주기 때문입니다. 또 다른 이유는 만일 에발산의 유적지가 성경의 기록을 지지해준다면, 고고학적 자료를 제대로 분석하지 않고 지적인 추측에 바탕을 둔 고차원적 이론들이 실패로 돌아가게 될 것이기 때문입니다.

말을 여물통까지 이끌고 갈 수는 있지만, 강제로 물을 마시게 할 수는 없습니다. 제 발견은 사실입니다. 다른 사람들과 마찬가지로 고고학자들도 때로는 사실이 귀찮을 수 있습니다. 사실은 사실입니다. 학문의 세계에서 고립된 사람은 제가 처음이 아닙니다. 홀로 서 있다는 것은 기분이 좋지 않은 일입니다. 그러나 제가 처음

이 아니므로, 마지막 또한 아닐 것입니다. 남은 건 시간과 인내의 문제일 뿐이지, 올바른 학설이 결국 받아들여질 것입니다.

핑켈슈타인, 갓월드, 제르탈의 반론에 대한 데버의 응답

제 강연은 소수의 전문가들이 아닌 일반인들을 위한 것이었으므로, 핑켈슈타인, 갓월드, 제르탈의 반론에 대한 제 응답도 장황하게 늘어놓을 수는 없습니다. 게다가 저는 저를 비판하는 학자들이 제기하는 문제들에 대하여 여기저기에서 이미 글로 구체적인 사항들을 출판해 놓았습니다. 더 관심이 있으신 분들은 그 글들을 읽어보시기 바랍니다.[6]

1. 이스라엘 핑켈슈타인

핑켈슈타인은 제 이론이 세 가지 근거들에 바탕을 두고 있다고 공격했는데 그에 대해 하나하나씩 답변하겠습니다.

A. 기술혁명
핑켈슈타인은 제가 저수지와 계단식 경작이 전적으로 신기술이고 산간지대 정착의 산물이라고 주장한다고 했습니다. 하지만 저는 수없이 이스라엘의 기원에 대한 그러한 기계적이고 단순한 설

---

[6] William G. Dever, *Recent Archaeological Discoveires and Biblical Research* (Seattle: Univ. of Washington Press, 1990), chapter 2; Idem, "Archaeology and Israelite Origins: A Review Article", *BASOR* 279 (1990): 89-95; Idem, "Unresolved Issues in the Early History of Israel: Toward a Symthesis of Archaeological Reconstructions", in *The Politics of Exegesis: Essays in Honor of Norman K. Gottwald* (Boston: Pilgrim, 1992).

명을 거부해 왔습니다. 저는 대신 그러한 기술들은 새로 등장한 것이 아니고 완성된 것으로서, 산간지대 정착민들의 정착을 용이하게 해주었다고 주장했습니다. 저수지 기술은 제가 *Gezer IV*에서 분명 청동기 중기에 시작된 것임을 밝혔습니다. 계단식 경작은 철기 이전에도 가끔 있었던 것입니다. 그러나 제가 알기로는 철기 이전에는 계단식 경작이 이처럼 조직적으로, 대규모로 실행된 적이 없습니다.

B. 도기기술의 연속성/불연속성

핑켈슈타인은 청동기 후기 IIB의 가나안 도시들과 철기 1기 이스라엘 거주지들과의 도기기술의 연속성의 중요성을 묵과했습니다. 아무도 이스라엘의 거주지라고 생각하지 않는 게제르에서 발견된 풍부하고 잘 정리된 기원전 13-12세기 도기들을 핑켈슈타인이 이즈벳 사르타에서 발견한 기원전 13세기 후반-12세기의 도기들과 여러분들이 직접 비교를 해보시기 바랍니다. 핑켈슈타인은 감히 그 형태와 장식이 다르다고 주장할 수 없었습니다. 그는 단지 그 비율이 다르다고밖에 말할 수 없었지요. 물론 우리는 많은 교역과 산업활동이 있던 커다란 도시(블레셋 도기들이 게제르에서 발견됨)와 작고 외곽에 있는 농촌마을(그러므로 핑켈슈타인의 거주지들에서는 커다란 항아리들과 요리용 단지들이 발견됨)을 비교하고 있습니다. 핑켈슈타인은 글로리아 런던(Gloria London)의 중요한 논문을 언급하지 않았는데, 이 논문은 제가 제안한 것과 마찬가지로 도기들의 비율에 차이가 나는 것은 인종의 차이를 가리키는 것이라기보다는 똑같은 가나안인들이지만 도시와 시골의 삶의 방식의 차이를 보여주는 것이라고 결론내리고 있습니다.[7]

---

7) Gloria London, "A Comparison of Two Contemporaneous Lifestyles of the Late Second Millennium B.C.", *BASOR* 273 (1987), 37-55.

THE RISE OF ANCIENT ISRAEL
고대 이스라엘의 기원

핑켈슈타인은 어느 경우이든 도기형태의 연속성 및 불연속성은 그 도기를 만든 사람들의 기원이 아닌, 단지 "환경적, 사회경제적 상황들"만을 보여줄 수 있다고 주장했습니다. 그렇다면 그가 과연 블레셋의 도자기들에 대해서도 똑같이 말할 수 있을까요? 아시다시피 블레셋인들이 에게해 출신이라는 것은 그들의 도자기들의 형태를 통해 밝혀진 것입니다. 제가 아는 대부분의 고고학자들과 인류학자들은 "도기는 인종을 구분해줄 수 있다는 점에서 공통의 미적 전통을 알려주고, 문화간의 접촉과 변화를 보여주며, 사람들의 이주와 교역을 밝혀주는 가장 중요한 매체"라는 전제를 가지고 연구를 하고 있습니다.

기원전 13세기 후반과 12세기 초반의 도기들이 거의 동일하다는 점은 제가 주장하는 가나안-이스라엘 공생 모델을 지지해줍니다. 그의 정착한 유목민 모델을 입증하려면 핑켈슈타인은 적어도 그 지역의 유목민 문화에서 기원한 기원전 12세기의 새로운 형태의 도기들을 발견해야만 할 것입니다. 예를 들어 전형적인 철기시대의 도기들과 함께 발견되는 네게브의 유랑민들의 널리 알려진 수공 도기들 같은 것들 말이지요.

C. 정착 형태와 인구분포

핑켈슈타인은 철기 1기 정착민들이 이전에는 별로 사람들이 살지 않던 이 지역에 대규모로 정착한 첫 번째 경우라는 저의 견해를 반박했습니다. 그 이전의 정착 형태에 관한 자료로 그는 단지 Israel Exploration Journal 41 (1991)의 그의 글과 Bulletin of the American Schools of Oriental Research에 앞으로 그가 출판할 그의 조사결과를 인용했습니다. 후자의 것은 제가 이 강연을 준비할 때 읽지 못했던 글입니다. 이제 제가 그 글을 읽어보았는데 물론 아주 중요한 연구입니다. 그는 산간지대에 126개의 청동기 초

THE RISE OF ANCIENT ISRAEL
윌리엄 데버 · 이스라엘인과 가나안인을 어떻게 구별할 수 있을까?

기 거주지들과 248개의 청동기 중기의 거주지들을 표시해 놓았습니다. 그러나 제가 이 강연을 준비하기 이전에 그의 글을 읽었다 하더라도 별로 달라질 건 없었을 것입니다. 왜냐하면 핑켈슈타인은 이 거주지들의 규모, 성격, 또는 추정되는 인구의 수를 밝히지 못했으니까요. 그러니 어떻게 비교를 할 수 있겠습니까? 핑켈슈타인조차도 청동기 초기, 중기, 그리고 철기시대에 상당히 많은 수의 사람들이 원래는 그 지역의 유목민들이었다가 정착하게 되었다고 말했습니다. 제 주장은 산간지대에 철기 1기 이전에는 정착민들이 없었다는 것이 아닙니다. 오히려 제 논지는 청동기 후기에서 철기로 넘어가던 당시의 급격한 거주지 수의 증가는 바로 인구의 주요 변화를 보여주는 것이고, 이는 새로운 사람들의 이주를 뜻한다는 것입니다. 그리고 이 점은 스테이거와 제가 핑켈슈타인의 1985년의 논문과 1988년 그의 책 *The Archaeology of the Israelite Settlement*에 있는 그 자신의 조사결과에서 따온 것입니다. 그러므로 우리 모두 "원-이스라엘인들"은 비교적 큰 규모로 새로 이주해 온 사람들이라는 데에 동의한 것입니다. 이 사람들이 어디에서 왔느냐에 대해서만 서로 의견이 다를 뿐이지요.

새로운 증거들이 나타나는 것은 환영할 일입니다. 그러나 철기 1기 산간지대에서 상당한 인구의 변화가 있었다는 현재 학자들 간의 의견의 일치가 바뀔 것 같지는 않습니다. 핑켈슈타인이 장기간의 정착의 역사를 살펴보아야 한다고 주장했는데 저 또한 지난 수십 년간 이를 주장해 왔습니다. 심지어 그는 저의 용어들을 빌려다 사용한 듯합니다.

핑켈슈타인이 앞으로의 연구를 위해 제시한 네 가지 중점에 대해서도 저는 얼마든지 말할 수 있습니다. 그의 비평은 종종 과장되거나 놀라울 정도로 잘못된 면이 있지만(예를 들어 그는 제가 성경을 따라 이스라엘의 기원을 유일하고 독특한 현상이라고 했다고 말했습니다), 많은 건전하고 가치있는 내용도 있습니다. 하지만 그의 최근 연구들에서 그의 주요 핵심은 비록 전부는 아닐지라도 원-이스라엘인들의 대부분은 본래 유목민이었다가 후에 정착한 사람들이라는 것입니다. 그는 그의 유일한 증거로 이즈벳 사르타의 지층 III의 구조가 베두인의 것과 같은 원형으로 지어졌음을 들고 있습니다. 그러나 그는 이즈벳 사르타에서 그 자신의 발굴 감독으로 일했던 하버드의 즈비 레더만(Zvi Lederman)의 논문은 인용하지 않았습니다. 그의 논문 "Nomads They Never Were"(*Society of Biblical Literature Abstracts* 1990)은 핑켈슈타인의 이론을 정면으로 반박하고 있습니다. 그리고 핑켈슈타인은 그의 책에 대한 저의 논평(*BASOR* 284 [1991], 77-90)에 대해서도 전혀 말하지 않았습니다. 여기에서 저는 핑켈슈타인의 인류학적, 고식물/동물학적 보고를 바탕으로 이즈벳 사르타의 경제와 사회는 오랜 기간의 정착생활을 반영한다고 비평했습니다. 즈비 레더만은 제가 의심가는 부분에 대해 자신의 글을 인용하도록 허락해 주었습니다. 즉, 핑켈슈타인은 초기 이스라엘이 유목민에서 기원했다는 주장에 대한 확실한 고고학적 증거를 전혀 가지고 있지 않았다는 점 말입니다. 그의 이론은 매우 과감한 것이고, 저 또한 원-이스라엘인들 중 일부는 유목민 출신이었음을 제안해 왔습니다. 그러나 이에 대한 고고학적 증거는 없으며 오히려 이에 반대되는 증거들만이 있을 뿐입니다.

제 견해로는, 핑켈슈타인은 1930년대 알트(Alt)와 노트(Noth)의 평화적 침투설이나 성경에 있는 유목민적 이상, 즉 실제로는 존재하지 않았던 과거의 유목생활에 대한 향수에 바탕을 둔 낡은 개념에 근거한 이론에 위험스럽게 얽매어있습니다. 저는 이스라엘의 정착에 대한 핑켈슈타인의 선구자적 연구들에 대하여 매우 높게 평가합니다. 그리고 저는 미국에서 그의 연구의 중요성을 처음으로 인식하고 추천한 학자들 중의 하나입니다. 그러나 그의 유목민 기원설은 지나치게 특이해서 지지를 받기 힘들며, 이러한 일반인들을 위한 심포지움에서 대표적인 학설로 제시하기는 더더욱 어렵습니다.

2. 노만 갓월드

저는 제 학문적 동료요 친구인 노만 갓월드의 글을 여러 번 인용하고 그의 학문적 업적을 칭찬해 왔습니다. 그는 의심할 여지없이 20세기 성서학에서 몇 안 되는 독창적인 공헌들을 이루어냈습니다. 만일 그가 정말로 1979년 주창한 그의 농민봉기설과 평등주의적 모델들의 과도한 헤겔주의적 유산을 벗어났다면, 초기 이스라엘에 대한 그의 공헌의 가치를 높여주는 일입니다. 하지만 솔직히 말해서 저는 덜 야심적인 공산주의적 모델이라고 해서 더 나을 것은 없다고 봅니다. 초기 이스라엘이 공동체였다는 것 이외에 그의 모델이 말해주는 것이 무엇이 있습니까? 우리가 아는 사회 중 공동체가 아닌 사회가 어디 있습니까? 갓월드가 이 공동체를 구체적으로 설명하는 용어들, 예를 들어 "자유 농민들", "농업 잉여물들", "부족간 협력" 등도 별로 도움이 되지 않습니다. 문제는 (1) 그러한 사회경제적 측면들은 고대 이스라엘뿐만 아니라 다른 많은 민족과 문화에도 해당하고, (2) 초기 이스라엘의 묘사는 거의 유토피아적으로 이상화되어 있으며, (3) 어느 경우든 고고학적 증거가 거의 없으며, 있을 수도 없다는 것입니다. 간단히 말하면, 핑켈슈타인의 이론처럼 그의 것도 단지 초기 이스라엘을 묘사할 수 있을 뿐, 설명해주지는 못한다는 것입니다. 비록 이것이 모든 역사적, 고고인류학적 연구들이 추구하는 질문임에도 불구하고 말이지요.

THE RISE OF ANCIENT ISRAEL
고대 이스라엘의 기원

갓월드는 저의 최소주의적 공생모델도 별로 설명해주는 것이 없다고 불평합니다. 제 이론은 초기 이스라엘이 왜, 그리고 어떻게 달랐는가를 설명하지 않습니다. 하지만 바로 그게 중요한 점입니다. 제 모델은 일부러 간단하고 설명적입니다. 저는 모든 것을 설명할 수 있다고 주장하지 않습니다. 아무도 초기 이스라엘을 그렇게 설명할 수 있는 사람은 없습니다. 멘덴홀처럼 갓월드도 이념에 의존합니다. 바로 야훼신앙 말입니다. 그러나 저는 고고학은 물질문화를 다루는 것이며, 기껏해야 그 물질을 남긴 특정한 행동양식을 밝힐 수 있을 뿐이라고 누누이 경고해 왔습니다. 고고학은 인간의 행동 이면의 사상에 대해서는 알려줄 수가 없습니다. 물론 사상들이 존재하지요. 하지만 저는 고고학자로서 그러한 문제들은 신학자들, 철학자들, 아니면 다른 이론가들에게 맡기고자 합니다. 갓월드는 인류학자들이 흔히 말하는 보다 확실한 이론을 원합니다. 그러나 저는 고고학적 자료에 더 비중을 두며 이론은 최소한으로 제한합니다. 제 동료 학자들에게 형식 논리학에서는 가장 좋은 이론이란 알려진 사실에 충실한 가장 단순한 이론이라는 것을 상기시키고자 합니다. 우리의 경우 가장 초기 이스라엘에 가까운 증거는 고고학적 사실입니다. 성경은 초기 이스라엘보다 시대적으로 훨씬 후대의 산물이지요. "오늘날 아무도 마르크스주의자가 되길 원치 않는다"는 제 말은 비아냥처럼 들릴 수 있겠지만 사실 이는 제가 의도한 바는 아닙니다. 갓월드의 마르크스주의적 경향은 여전히 매력적인 자유신학과 사회적 대의를 위한 존경스럽고 담대한 헌신에서 비롯된 것이라고 저는 믿습니다. 하지만 두 가지는 분명합니다. (1) "계층간의 대립"은 보편적 현상이지만 고고학적 기록에서는 발견하기 힘든 성질의 것이며, 고대 이스라엘의 기원을 설명하는데 있어서도 적합하지 않습니다. (2) 마르크스의 이론, 또는 신-마르크스주의는 인류학과 고고학, 그리고 사회학 이론들에서도 소비에트 연방의 붕괴로 마르크스 이론이 신뢰를 잃게되기 전부터 이미 사양길에 접어들었습니다. 갓월드는 초기 이스라엘의 대표적인 이론가이지만 그는 영어권 성서학자들 중 거의 유일하게 신-마르크스주의적 성향을 유지하고 있습니다. 이것이 제가 일반인들을 위한 심포지움에서 그의 이론을 다루지 않는 주된 이유입니다. 또한 그가 자신의 의견을 바꾸었다고 말한 글은 출판이 되지 않았습니다. 그러므로 저도 당연히 그 글을 읽지 못했겠지요. 저도 어서 그 글을 읽고 싶습니다. 부연하자면, 저는 갓월드가 언급한 연구들, 예를 들어 쿠트, 화이트램, 플래네이건, 렘케 등의 책들을 읽고, 논평들을 이미 저널들에 발표했으며, 갓월드에게 헌정된 논문집 *The Politics of Exegesis* (Pilgrim, 1992)에 실린 제 글에서 그 책들을 인용했습니다. 그는 제가 이론적으로 표류하고 있다고 했습니다. 그러나 이 순간 우리 모두가 표류하고 있는 것이 사실입니다. 그는 단지 더 멀고 위험한 항구를 향하여 가고 있는 것이고, 저는 고고학자로서 폭풍우 속에서도 더 안전하고 확실한 정박지를 찾고 있는 것이지요.

3. 아담 제르탈

제르탈의 견해에 응답하는 것은 쉽지 않습니다. 그는 계속해서 "진실"이 통한다고 주장하는데 누가 그의 주장에 관심을 기울일지는 모르겠지만, 좀 안타깝습니다. 저도 그의 연구결과를 읽어보았습니다. 그러나 다른 고고학자들과 마찬가지로 저도 에발산의 구조물이 신전이었다고는 생각하지 않습니다. "여호수아의 제단"은 더더욱 아니구요. 그 스스로가 자기 혼자 이러한 주장을 하고 있다고 생각하고 있으니, 저는 별로 그의 주장에 응답할 필요를 못 느낍니다.

THE RISE OF ANCIENT ISRAEL
고대 이스라엘의 기원

그의 지표조사 결과와 그가 주장하는 동에서 서로의 이주에 대해서 말하자면, 그가 말하는 초기의 "Type A" 형태의 단지들이 서쪽의 주거지에서도 발견된다는 점은 그의 기본 이론이 틀렸음을 보여주는 것이라는 점을 다시 한 번 말씀드립니다. 서쪽의 거주지들은 그 크기가 더 작고, 지표조사이기 때문에 초기의 단지조각들이 더 적게 발견되었을 수도 있습니다. 그러나 이 서쪽의 거주지들은 분명 동쪽의 거주지들과 비슷한 초기에 건설되었습니다. 모든 서쪽 끝의 거주지들 중에서도 이즈벳 사르타는 기원전 13세기인 가장 초기에 세워진 것이라는 데에 거의 모든 학자들이 동의하고 있습니다. 다시 묻겠습니다. 동에서 서로 이동했다는 증거가 도대체 어디에 있습니까? 제르탈은 이스라엘인들이 요단 동편에서 서쪽으로 대규모로 이동했다는 성경의 후기전승에 영향을 받은 것으로 보입니다. 하지만 모든 고고학적 증거는 이를 부정하고 있지요. 이렇게 고고학적 증거를 성경과 짜맞추는 경향은 제르탈의 이스라엘 동료학자들이 "세속적 근본주의"라고 부르는 것으로 성경적 근본주의만큼이나 위험하고 잘못된 것입니다. 설령 제르탈이 옳다고 해도 이스라엘인들이 가나안 출신이라는 사실에는 변함이 없습니다. 요단 동편은 고대에는 단지 동-팔레스틴 또는 가나안이었을 뿐입니다.

성경의 출애굽 이야기와 가나안 정복은 아무리해도 문자 그대로는 더 이상 받아들이기 힘듭니다. 실제 역사적으로 일어난 사건들은 훨씬 복잡하였고, 최근의 고고학적 발견들로 인해 학자들은 이제 그 내용을 조금씩 이해하기 시작했습니다.

결론적으로 말씀드리면, 저의 강연처럼 일반대중들을 위한 것들은 내용이 축약될 수밖에 없으며, 어떤 면에서는 오해할 만한 부분도 생기기 쉽습니다. 저는 갓월드의 제안처럼 이보다 더 학술적인 모임에서 더 많은 학자들이 자신들의 견해를 나눌 필요가 있

THE RISE OF ANCIENT ISRAEL
윌리엄 데버 · 이스라엘인과 가나안인을 어떻게 구별할 수 있을까?

다는 데에 동의합니다. 저는 1987년 SBL/ASOR 학회에서 미국 처음으로 일반인들에게 학문적 지식을 전달한 최초의 학자임을 밝힙니다. 그때 참석했던 학자들 중에는 위에 언급된 로버트 쿠트, 키이쓰 화이트램, 이스라엘 핑켈슈타인, 로렌스 스테이거, 노만 갓월드 등이 있었습니다. 이 토론은 앞으로도 계속되고 더 발전되어 나갈 것입니다.

제 3 강

출애굽,
사실인가 신화인가?

(The Exodus from Egypt: Myth or Reality?)

바룩 할퍼른(Baruch Halpern)

제 3 강

출애굽, 사실인가 신화인가?

(The Exodus from Egypt: Myth or Reality?)

바룩 할퍼른(Baruch Halpern)

허셜 솅크스 만일 이스라엘인들의 정착의 문제가 여러분께 어렵게 느껴지신다면, 그건 출애굽의 문제와 비교하면 아무것도 아닙니다. 이제 출애굽에 대해서 이야기할 차례인데요, 이건 정말 어렵습니다. 오늘 출애굽에 대하여 강연을 해주실 바룩 할퍼른 교수를 모시게 된 것은 저희에게 행운입니다. 그는 젊은 학자들 중 대표적인 사람으로, 아직 40세가 되지 않았습니다. 그는 캐나다의 요크대학교(York University)에 있었으나 최근에 펜실베니아 주립대학교(Penn State University)의 교수로 가서 종교학과를 일으키려고 합니다. 저를 제외하고 오늘의 모든 강연자들이 하버드에서 박사학위를 받았습니다. 이는 어쩌면 별로 좋지 않을 수도 있는데 왜냐하면 하버드의 시각만을 여러분께 전달하게 될 수가 있

THE RISE OF ANCIENT ISRAEL
고대 이스라엘의 기원

> 기 때문이지요. 바룩 할퍼른 교수는 수석으로 졸업을 했고 그의 박사학위 논문은 최고의 영예로 통과되었습니다. 만일 제가 바룩의 이력서를 다 읽으려면 아마 오늘 하루 종일 걸릴 것입니다. 그는 *The Constitution of the Monarchy in Israel, The Emergence of Israel in Canaan, The First Historians* 등 여러 중요한 책들을 저술했습니다. 그는 명석하고 뛰어난 작가요 강연자로 널리 알려져 있습니다. 여러분들은 오늘 그에게서 많은 것을 배우게 될 것입니다. 여러분께 제 친구 바룩 할퍼른을 소개합니다.

감사합니다. 허셀은 첫 강연에서 자신이 확신을 가지고 말하는 것들은 여러분들께서 믿어도 좋다고 했습니다. 조금 전에 그가 저를 소개하면서 한 말들도 그대로 받아들이시기 바랍니다(웃음).

로물루스와 레무스가 로마를 세운 것은 어떤 상황이었습니까? 헤라클레스 또는 아르고 황금 대탐험(Jason and the Argonauts)은 단일화된 미케네 문화를 창조하는데 어떠한 역할을 했을까요? 여러분들이 이 질문들에 대답하실 수 있다면, 출애굽의 문제를 다룰 준비가 되신 것입니다. 왜냐하면 출애굽 이야기들은 이스라엘의 선역사(prehistory), 또는 적어도 그 일부를 다루고 있기 때문이지요.

서구에서 성경의 출애굽 이야기와 가장 비슷한 것은 호머의 오디세이입니다. 둘 다 이주민들의 이야기이며 주인공들(오디세이와 이스라엘)이 거주지를 찾은 이후에야 정체성을 갖게 됩니다. 둘 다 고고학적 기록이나 당대의 역사 기념물들에 흔적을 남기지 않을 만한 사건들을 다루고 있습니다. 하지만 둘 다 그 여정의 시작과 마지막, 즉 이집트와 이스라엘, 그리고 트로이와 이타카의 당시 상황을 묘사하는 것처럼 되어 있습니다. 둘 다 오랜 시간에 걸

THE RISE OF ANCIENT ISRAEL
바룩 할퍼른 · 출애굽, 사실인가 신화인가?

친 구전을 포함하고 있으며 나중에 권위있는 문서로 성문화되었습니다. 둘 다 구전과정 중에 그 이야기를 듣는 대상에 맞추어 이야기가 변형되기도 했습니다. 둘 다 역사적 기억에 남아있는 내용들이 환상적인 요소들과 혼합되어 있습니다.

오디세이는 요술을 부리는 여자들, 외눈박이 식인괴물들 및 사이렌들과의 사투를 담은 것으로 오늘날로 말하자면 마치 사회복지기금 법안이 입법부를 거쳐가는 과정에 비유할 수 있습니다. 이 이야기가 현실이 아니라는 점은 분명합니다. 어거스틴은 오디세이가 당시 그리스인들에게는 복음처럼 가르쳐졌다고 알려주고 있습니다. 즉 기본적으로 어린이들을 위한 문학작품이라는 것이지요. 출애굽 이야기도 마찬가지입니다.

그러나 출애굽은 한 개인의 이야기가 아닙니다. 한 국가의 이야기이지요. 출애굽은 한 민족의 역사를 다룬 신화로 국가적 정체성의 핵심이 되는 것입니다. 고대 이스라엘인들에게 있어서 출애굽 이야기는 미국인들에게 있어서 순례자들과 미국독립전쟁의 이야기가 가진 의미와 견줄만 합니다. 사실 더 깊이 들여다보면 우리 미국인 조상들의 역사와 정체성은 출애굽에 근거해 있습니다.

출애굽 이야기는 공통의 가치들을 문화 속에 암호화시켜 놓았습니다. 모든 이스라엘인들은 똑같은 조상들의 출신배경을 가지고 있습니다. 모두가 이집트에서 노예생활을 했었다는 것이지요. 개인의 족보가 어떠하든 간에 그가 정신적으로든, 정서적으로든, 아니면 집합적으로든 이스라엘인이라면 그의 조상은 이집트에서 탈출해서 가나안을 정복한 사람이 되는 것입니다. 야훼는 이스라엘인들을 이집트로부터 해방시켰고 그들과 계약을 맺었습니다. 이 계약에 의하면 이스라엘은 이집트에서의 해방과 가나안 땅을 선물로 얻는 대가로 야훼를 섬기고 그의 법에 순종해야만 합니다. 고대근동의 문화에서 한 군주가 그의 신하들을 멸망에서 건져주

THE RISE OF ANCIENT ISRAEL
고대 이스라엘의 기원

고 땅을 선사해주면 그 신하들은 그 군주에게 충성을 다하도록 되어 있었습니다. 매년 봄 푸른 밀 싹이 땅에서 돋아날 때 지키던 유월절도 이와 관련이 있지요. 출애굽은 이스라엘이 어떻게 기원했는지, 어떻게 가나안을 손에 넣었는지에 관한 이야기입니다. 가나안 정복이 없다면 출애굽의 의미도 없겠지요.

이스라엘의 유월절은 가장 초기부터 이미 그 축제의 참여자들이 마치 이집트에서 이스라엘로, 노예생활에서 자유로 옮겨가는 과정을 가정하고 있었습니다. 그들이 먹는 무교병은 바로 그들의 조상이 이집트를 떠날 때 먹던 "고생의 빵"이었습니다. 그들이 먹는 구운 양고기는 캠프파이어의 핵심요소였습니다. 그것은 문명의 부재를 상징합니다. 문명화된 사회에서는 고기는 끓여먹게 마련이니까요. 간단히 말하면, 유월절 의식은 그 참가자들이 문명화되지 않은 영역, 노예생활과 자유, 이집트와 가나안의 경계에 있음을 전제로 합니다.

초기 이스라엘의 유월절 기념행사와 유대교의 유월절 축제의 차이는 바로 이것입니다. 디아스포라 유대교인들은 유월절을 기념하면서 그들의 국가가 다시 수립되기를 소망했지만, 양들이 음매하고 울 때, 주변 환경이 푸르러질 때 고대 이스라엘인들은 이 축제 이후에는 자신들이 가나안 땅을 소유하게 될 것을 알았습니다.

그러한 현대성서학은 출애굽 전승과 가나안 정복을 나누어 생각합니다. 출애굽과 가나안 정착과의 관련성은 이제는 철기시대 이스라엘인들에게처럼 분명하지가 않습니다. 출애굽의 연대나 이스라엘이 이집트에서 머문 기간 등도 확실하지가 않습니다. 결과적으로 출애굽과 이스라엘의 가나안 정착과의 사이에 어느 정도 시간적 간격이 있는지를 확실히 알 수가 없습니다. 더 안타까운 것은 철기시대 이스라엘인들에게는 이 모든 사건들이 동시대적인

THE RISE OF ANCIENT ISRAEL

바룩 할퍼른 · 출애굽, 사실인가 신화인가?

것으로 여겨졌다는 점이지요. 그러므로 여호수아서를 보면 이스라엘이 가나안에 진입한 것이 유월절 기간으로 묘사되고 있습니다(여호수아 4:19, 5:10-11).

우리가 가진 자료와 거기에 기록된 사건들의 성격상 역사적으로 이 사건들을 규명하기가 매우 어렵습니다. 문서로 정착되기 이전의 수없이 오랜 세대 동안의 구전 과정 때문에 여러 내용들이 서로 얽혀버렸습니다. J, E, P, D 및 다른 자료들은 세부적으로 서로 다른 내용들을 담고 있습니다. 출애굽 이야기는 이스라엘의 정체성에 핵심이 되어서 이 이야기가 발전해가는 과정중에 거의 무의식적으로 정체성이 형성되었습니다. 그럼에도 불구하고 족장 이야기들과는 달리 출애굽 이야기에서는 몇 가지 역사적으로 가늠해 볼 수 있는 사건들을 발견할 수가 있습니다.

첫째, 연대에 관한 것입니다. 성경대로 보자면 출애굽의 연대로 여러 가지가 가능합니다. 열왕기상 6:1에 의하면 솔로몬은 출애굽 후 480년에 성전을 지었습니다. 이렇게 보면 출애굽은 대략 기원전 1450년경에 일어난 사건이 되어서 이집트의 아우구스투스로 불리는 투트모세 3세의 통치시기에 해당하게 됩니다. 성경은 또한 이스라엘이 72인의 남자들로부터 시작해서 이집트에서 성인남성만 60만이 되는 무리가 되었다고 기술하고 있습니다. 이 숫자는 P 자료에서 온 것입니다(창세기 46:8-27; 출애굽기 1:5, 12:37; 민수기 1:18, 46-47, 26:4, 51). 다른 자료들은 네 세대만에 이 일이 이루어졌다고 하고 있는데요(창세기 15:16[J 또는 R_{JE}]; 출애굽기 6:16-27[P]), 이는 사실 불가능합니다. 또 다른 곳에서는 이 일이 400년만에 이루어졌다고 하고 있지요(창세기 15:13[R_{JEP}?]; 출애굽기 12:40-41[P]).

방랑 끝에 이집트에서 파라오의 탄압 속에 이스라엘인들은 라암셋과 비돔을 건설하였습니다. 라암셋은 기원전 13세기 람세스

THE RISE OF ANCIENT ISRAEL
고대 이스라엘의 기원

2세의 통치기간에 수도로 재건설되었습니다. 이스라엘인들을 탄압하던 파라오의 뒤를 이어(출애굽기 2:23) 다른 파라오가 이집트를 다스리게 되었는데 이 사람이 바로 출애굽 당시 강물에 빠진 파라오입니다. 아마도 람세스의 아들이자 계승자인 메르넵타가 바로 이 출애굽의 파라오일 것입니다. 불행하게도 메르넵타 비문에 의하면 그는 그의 재위 5년, 대략 기원전 1230년경에 이미 아시아에 이스라엘의 존재를 알고 있었습니다.[1] 출애굽의 파라오인 메르넵타가 물에 빠져 죽지 않았다고 가정한다고 해도, 이스라엘이 그의 재위 1년에 이집트를 탈출하여 광야에서 40년을 방황하다가 메르넵타 재위 5년에 다시 등장한다는 것은 말이 안 되지요.

그러므로 제가 조금 있다가 말씀드릴 것처럼 출애굽을 가나안 정복과 따로 생각하던가 아니면 비돔과 라암셋에 대한 언급을 무시해야 합니다. 최근에 등장한 또 다른 견해는 이스라엘인들이 건설한 곳은 라암셋이 아닌 같은 곳에 있던 라암셋 이전의 옛 도시 아바리스(Avaris)라는 것입니다. 그러나 그러한 아바리스의 건축활동은 기원전 1450년보다도 적어도 150여 년 이전에 있었을 것이므로, 이 경우 출애굽 당시의 파라오는 이스라엘을 압제하던 파라오를 바로 계승한 사람일 수가 없게 됩니다.

간단히 말하면 성경의 기록 중에 일부는 무시되어야 한다는 것인데, 문제는 과연 어느 내용을 받아들이고 어느 내용을 무시해야 하느냐는 것이지요.

최근까지도 제가 제 막내 딸아이에게 가지고 싶은 애완동물이 무엇이냐고 물으면 그 아이는 항상 "유니콘"이라고 대답하곤 했

---

[1] 람세스 2세의 통치기간은 높게 잡을 경우 기원전 1304-1238년, 중간으로 잡으면 1290-1224년, 낮게 잡으면 1279-1213년으로 본다. 나는 높은 연대를 선호한다. 하지만 이 경우 메르넵타 비문의 연대가 오늘 다른 강연자들이 말한 1207년이 아닌 1230년이 된다는 점을 유념하기 바란다.

THE RISE OF ANCIENT ISRAEL
바룩 할퍼른 · 출애굽, 사실인가 신화인가?

습니다. 출애굽과 관련된 증거들은 마치 유니콘에 대한 증거와 비슷한 상황입니다. 끌어안고 놀 수 있는 모조품은 있지만 실물에 손을 댈 수는 없는 그러한 것 말이지요. 다른 식으로 말하면 우리가 가지고 있는 증거는 청동기시대 이집트와 가나안을 배경으로 하고 있는 철기시대 이스라엘인들의 문서입니다. 그러므로 첫 번째 질문은 철기시대 이스라엘인들은 청동기시대 자신들의 원역사를 어떻게 바라보았는가 하는 것입니다. 이스라엘인들은 청동기시대에 대하여 무엇을 알고 있었으며, 그들의 조상들은 어떠한 역할을 했다고 생각했는가 하는 것이지요. 이상하게 들릴지도 모르겠지만, 출애굽에 대해 더 잘 아는 방법은 성경의 모순되고 불확실한 세부내용이 아닌 이스라엘의 성경기자들이 이 내용들을 어떠한 개념적 틀 안에서 만들어갔는가에 중점을 두는 것입니다.

처음 살펴보아야 할 부분은 창세기인데요, 창세기에 의하면 이스라엘(야곱)은 기근이 심할 때 이집트로 내려왔다가 그의 아들 요셉이 이집트에 종으로 팔려온 뒤에 그곳의 수상이 된 것을 발견하게 됩니다. 이집트 역사에서 이러한 이야기가 가능한 때가 언제일까요?

셈족 노예들은 이집트 역사에서 기원전 2천년 경 이후부터 계속 발견됩니다. 아마르나 서신들이 그 배경을 알려주는데요, 전쟁이나 기근이 아시아를 덮치면 가나안의 도시민들은 그들의 가족들을 이집트로 팔아서 곡물과 맞바꾸곤 했습니다.[2] 다시 말하면, 기근이 있을 때에 가나안인들이 이집트로 보내지곤 했던 것은 흔

---

[2] 아마르나 서신들은 파라오 아멘호텝 3세와 아멘호텝 4세가 그들의 속국들의 영주들과 주고받은 서신들이다. 이 편지들이 아마르나 서신들이라고 불리는 이유는 그것들의 상당수가 아멘호텝 4세의 재위당시 이집트의 수도였던 텔 엘-아마르나(Tell el-Amarna)에서 발견되었기 때문이다. 이들 대부분이 아시아에 있던 이집트의 봉신들에게서 온 편지들이다.

THE RISE OF ANCIENT ISRAEL
고대 이스라엘의 기원

한 일이었습니다. 가나안인들이 유목민들일 때 그들은 이스라엘이 정착했던 곳으로 알려진 고센으로 갔습니다. 이 역사적 정황을 바탕으로 이스라엘이 이집트로 내려갔던 이야기를 이해할 수 있습니다.

처음 강연에서 허셜 섕크스는 이집트의 힉소스 왕조에 대해서 잠시 언급했습니다. 요셉 이야기가 이집트 중왕국 시대, 즉 많은 셈족인들이 이집트로 유입되어 어떤 이들은 이집트에서 종살이를 했고, 또 어떤 이들은 나일 삼각주지역에서 고위 관리도 했었던 이 시기를 배경으로 하고 있을까요? 그 당시 파라오들은 나일 삼각주에서 남쪽으로 약 560킬로미터나 떨어진 테베에서 통치를 했으므로, 위와 같은 주장에는 문제가 있습니다.

그렇다면 요셉 이야기는 셈족인들이 주지사뿐 아니라 심지어 파라오의 자리에까지 올랐던 힉소스 시대를 배경으로 하고 있을까요? 힉소스는 제15왕조를 수립했던 자들로 이집트의 사제 마네토(Manetho)는 힉소스라는 단어의 의미를 "목자 왕들"이라고 해석하고 있습니다. 이 셈족인들은 이집트의 침공자들이긴 하지만 이들의 침공은 사실 오랜 기간에 걸친 나일 삼각주로의 이주의 결과였습니다. 어쨌든 이들은 나일 삼각주에 있는 그들의 근거지인 아바리스(Avaris: 나일의 동쪽 줄기에 위치한 텔 엘-다바[Tell el-Dab'a])에서 퍼져나가 이집트 전역을 약 반세기에 걸쳐 통치했습니다. 제18왕조의 첫 왕인 아모세(Ahmose)는 힉소스인들을 기원전 1565년경에 축출해 냈고, 이집트의 수도를 다시 테베로 옮겼습니다. 요셉 이야기는 힉소스를 축출한 이후, 즉 이집트가 가나안뿐만 아니라 아시아와 유프라테스강 유역까지 지배했던 제18, 19왕조를 배경으로 하고 있을까요?

섕크스는 일부 학자들이 요셉 이야기를 힉소스와 관련해서 생각하고 있다고 말했습니다. 고대에도 이러한 시각이 있었습니다.

THE RISE OF ANCIENT ISRAEL
바룩 할퍼른 · 출애굽, 사실인가 신화인가?

기원전 3세기에 이집트의 역사를 기록한 사제 마네토는 요셉의 이집트로의 이주와 그가 수상이 된 것을 힉소스 왕 아포피스(Apophis)의 재위 초기의 일로 기록하고 있습니다. 힉소스인들이 축출되자 모세가 그들을 불러 후에 이스라엘인들이 될 사람들이 이집트를 탈출하는데 도움을 주도록 했다는 것이지요.

마네토가 요셉 이야기의 역사성을 입증해주느냐고 물으신다면 사실은 그 반대입니다. 마네토는 성경의 기록에 간접적으로 의존하고 있습니다. 왜냐하면 마네토는 이스라엘인들이 나병환자였고(민수기 11장), 모세는 온(On)의 사제인 오사르시프(Osarsiph)였다고 기록하고 있기 때문입니다(또한 요셉은 온의 사제의 딸과 결혼했다고 말하고 있습니다). 그러나 힉소스 시대는 이집트인들에게 지워지지 않을 기억으로 남았습니다. 힉소스인들을 축출했던 아모세의 선임자 파라오 카모세(Kamose)는 힉소스인들이 광범위한 파괴를 자행했다고 비난했습니다. 또한 당시 기근이 있었다는 암시도 있습니다. 이집트인들은 힉소스인들이 세트(Seth)를 제외한 다른 모든 신들을 섬기지 않았고 과도한 세금을 부과했다고 비난했습니다. 마네토도 이러한 비난들을 뒷받침하면서 힉소스인들이 그들의 수도 아바리스에 곡물을 쌓아두고 국민들을 노예화시켰다고 기록하고 있습니다.

요셉은 이집트에서 곧 닥칠 기근을 이겨내기 위해 곡물을 모을 수 있도록 과도한 세금을 부과한 것으로 알려져 있습니다. 창세기에 힌트가 있는데요, 창세기 47:18-26을 보시면 "오늘날까지" 이집트의 농부들은 소작농들이었으며 그들의 생산물의 오분의 일을 그들의 땅의 주인 파라오에게 바쳐야 했습니다. 그러므로 이 본문은 힉소스인들의 압제에 대한 불만을 해소하려고 시도하는 것입니다. 요셉은 단지 더 무서운 재앙, 즉 궁핍을 막기 위한 제도를 도입했다는 것이지요. 이집트에서 주어진 요셉의 이름은 이러한 해석을 반영하고 있습니다. 그의 이름 사브낫바네아(창세기 41:45)는 확실한 이집트어 어원을 찾기가 힘듭니다. 그의 이름은 셈어와 이집트어를 혼합해서 만든 것으로 짜프낫 파-앙크 "북방에서 불어오는 시원한 생명의 바람"을 의미합니다. 나일 하구의 무시무시한 열을 식혀주는 북풍처럼 요셉은 이집트에 새 생명을 불어넣어 주는 북방에서 내려온 셈족인이라는 것이지요.

게다가 성경에는 요셉 이후의 파라오가 요셉이 제정한 세제를 개혁했다는 말이 없습니다. 철기시대 이집트 정부는 요셉의 정책을 물려받았습니다. 앞으로 살펴보겠지만, 이스라엘의 상인들과 외교관들이 이집트 문화를 접할 수 있었다는 점 때문에 힉소스의 이집트와 철기시대의 이집트 사이의 연속성에 대한 주장이 가능합니다.

창세기에 이스라엘인들이 "목자들"로 묘사되고 있는 것도 우연이 아닙니다. 이집트인들은 힉소스인들을 "목자 왕들"로 기억했기 때문이지요. 요셉은 통치자가 될 목자로 소개되고 있습니다. 이스라엘인들은 양떼의 무리를 데리고 다녔으므로 그들이 이집트에 갔을 때 좋은 목초지라고 믿었던 고센에 머무르게 된 것입니다.

일부 학자들은 이스라엘의 목자들이 머물렀다던 장소가 성경의 내용을 왜곡시킨다고 주장합니다. 고센은 나일 삼각주 남쪽의 와디 투밀랏(Wadi Tumilat)입니다. 가나안인들이 양떼를 데리고 이집트로 들어오는 자연적인 입구는 바로 와디 투밀랏을 통해서입니다. 그러나 힉소스인들을 추방한 이후인 제18왕조(높은 연대로 기원전 1575-1318년)의 이집트 파라오는 560킬로미터 떨어진 테베에 있었을 것입니다. 그렇다면 어떻게 모세가 또는 요셉이 파라오와 날마다 접촉할 수 있었겠습니까?

한 자료에 의하면 요셉은 그의 형제들로 하여금 자신과 가까운 곳에 지낼 수 있도록 고센땅에 머무르도록 명합니다. 이는 이집트

THE RISE OF ANCIENT ISRAEL
바룩 할퍼른 · 출애굽, 사실인가 신화인가?

의 수상인 요셉이 나일 삼각주 동편 고센 근처에 거주했다는 것을 암시합니다. 뒤이어 나오는 요셉이 형제들과 화해하는 장면에서 이런 말이 나옵니다. "요셉이 방성대곡하니 애굽 사람에게 들리며 바로의 궁중에 들리더라"(창세기 45:2). 다시 말하면 파라오의 거주지도 요셉 근처, 즉 삼각주 지역에 있었다는 말입니다. 비슷한 내용을 암시하는 본문이 이 외에도 여럿 있습니다. 이렇게 파라오가 삼각주 지역에 거주하던 때는 바로 힉소스인들이 이집트를 통치할 때였습니다(기원전 1800-1550). 그러므로 성경은 이스라엘이 이집트로 내려간 시기를 힉소스 시대로 보고 있습니다.

힉소스 왕조의 수도는 나일 삼각주 동편, 고센의 바로 북쪽에 있는 텔 엘-다바로 알려져 있습니다. 이곳에서 늦어도 기원전 18세기 중반에는 셈족인들의 거주지가 생겨나기 시작했습니다. 요셉이 힉소스 왕들을 위해 일했다고 가정합시다. J 기자의 견해대로 이스라엘인들이 출애굽까지 400년 동안 방랑생활을 했다면 출애굽은 람세스시대(기원전 13세기)에 일어난 것이 됩니다.

이때가 바로 람세스 2세가 수도를 테베에서 다시 텔 엘-다바로 옮겼을 때이지요. 람세스 왕들은 아바리스에 힉소스의 수도를 재건설했고 이를 라암셋이라고 불렀습니다. 그들은 힉소스와의 관계를 중시했지요.

이와 같은 힉소스와의 깊은 유대관계가 성경에도 남아있는 것은 성경이 이스라엘인들을 힉소스와 람세스 왕조 당시의 고센땅에 머문 것으로 묘사하는 것으로 보아 알 수 있습니다. 텔 엘-다바의 거주지들은 기원전 11세기까지 지속되었습니다. 그러므로 이집트인들의 기억들도 이스라엘의 전승에 영향을 주었을 것입니다. J 자료의 기자는 시골뜨기가 아닙니다. 그는 엘리트적 지식을 가진 예루살렘 궁전의 고관이었습니다. 그는 요셉 이야기를 아무 배경도 없는 것보다는 특정한 역사적 상황에 맞추어 넣은 것입니

THE RISE OF ANCIENT ISRAEL
고대 이스라엘의 기원

다. 아마도 솔로몬의 장인(열왕기상 3:1, 9:16)이었을 제21왕조(기원전 1075-948)의 왕들 중 한 명이 수도를 라암셋에서 타니스(Tanis)로 옮겼습니다. 이로 인하여 무수히 많은 람세스와 힉소스의 기념비들이 타니스로 함께 옮겨졌습니다. 그러므로 고센 북쪽, 텔 엘-다바에서의 람세스와 힉소스의 행적들은 이스라엘이 이집트와 공식적 외교관계를 수립했던 솔로몬 시대까지 기록에 남아 이어지게 된 것이지요.

힉소스의 수도인 고대 아바리스는 나일 삼각주 동편의 고센 바로 북쪽에 있는 텔 엘-다바(Tell el-Dab'a)로 밝혀졌다. 아시아에서 온 셈족인들인 힉소스인들은 기원전 18세기 중반부터 이 지역에 정착하기 시작했다. 힉소스의 파라오들은 한때 이집트 전역을 다스리기도 했다. 역사학자 바룩 할퍼른은 만일 요셉 이야기가 힉소스의 이집트 지배를 반영하고, 이스라엘이 출애굽하기까지 400년이 걸렸다는 성경의 이야기가 사실이라면, 출애굽은 람세스 왕조(기원전 13세기)때에 일어났을 것이라고 주장한다.

THE RISE OF ANCIENT ISRAEL

바룩 할퍼른 · 출애굽, 사실인가 신화인가?

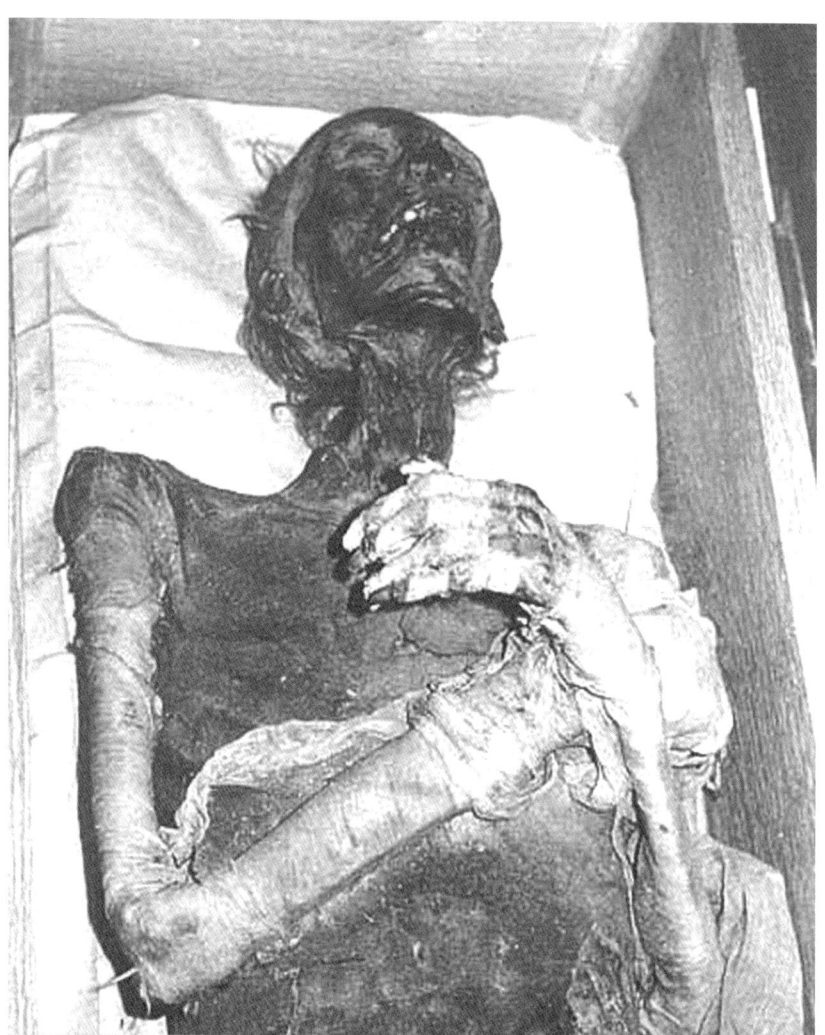

(할퍼른이 선호하는 높은 연대에 의하면) 기원전 1304년에서 1238년까지 통치한 위대한 람세스 2세. 그는 90세까지 살았는데 많은 학자들은 그가 출애굽 당시, 또는 그 바로 이전에 이스라엘을 압제하던 파라오라고 생각한다. 만일 후자의 경우라면 출애굽 당시의 이름 모를 파라오는 람세스 2세의 아들 메르넵타가 된다. 이스라엘을 언급하는 메르넵타의 석비는 앞에서 다루었다. 람세스 2세는 아바리스에 있던 옛 힉소스의 수도로 이집트의 수도를 천도하고 그곳을 재건축하는 등 많은 노동력을 필요로 하는 대규모 건설사업을 진행했다. 이곳이 바로 라암셋으로 알려진 곳이다.

THE RISE OF ANCIENT ISRAEL
고대 이스라엘의 기원

　이러한 이집트인들의 기억이 이스라엘에게 적용되어 이스라엘의 조상들이 나일 삼각주지역에서 이집트를 다스렸다는 전통을 가능케 한 것입니다. 한편, 타니스에 남아있는 힉소스의 기념물들은 성경의 저자들에게 잘못된 정보를 전해주었는데요, 타니스는 본래 기원전 11세기에 세워진 도시인데 성경에서는 타니스를 청동기 중기(기원전 1800-1550)의 거주지로 묘사하고 있습니다. J 기자는 청동기 중기의 요새인 헤브론이 타니스(개역성경에는 "소안")보다 7년 전에 세워졌다고 하고 있고, 후대의 전승은 출애굽이 "타니스 평원"에서 시작되었다고 전하고 있습니다(민수기 13:22; 타니스 평원에 대해서는 시편 78을 보라). 구체적으로 이야기하자면, 람세스 2세의 석비 중 하나가 타니스로 옮겨졌는데 이 석비는 400년 전에 힉소스의 신 세트(Seth)의 예배가 공식적으로 시작된 것을 기념하고 있습니다. 힉소스(그리고 요셉)시대와 이스라엘인들을 부려서 라암셋을 건설한 파라오와 시간적으로 400년의 차이가 있다는 성경의 기록은 직, 간접적으로 이 석비의 영향을 받은 것으로 보아야 합니다.

　일반적으로 말해서 요셉 이야기는 힉소스 시대를 이스라엘의 관점에서 재해석한 것입니다. 이스라엘과 힉소스가 서로 관련이 있음을 인정하면, 이 이야기는 아시아인들과 이집트인들 모두를 지키려는 신의 계획의 일부를 말하고 있다고 볼 수 있습니다. 요셉 이야기의 틀은 변증적입니다. 이집트의 압제 속에 수세기를 살아온 아시아인들의 관점을 제시해주는 것이지요. 이 전승의 연대는 정확하지 않지만 아마도 기원전 10세기 솔로몬시대, 아니면 그 직후쯤 될 것입니다.

　지금까지 우리는 이스라엘이 이집트로 내려갔다는 전승은 청동기 중기 IIB-C(기원전 1800-1550)의 힉소스 시대와 관련이 있음을 보았습니다. 이러한 관련은 단지 요셉에 관한 본문에만 제한된 것

THE RISE OF ANCIENT ISRAEL
바룩 할퍼른 · 출애굽, 사실인가 신화인가?

400주년 기념석비. 기원전 10세기 초반, 아마도 솔로몬의 장인이었던 이집트 21왕조(기원전 1075-948)의 한 파라오가 수도를 라암셋(이전에는 아바리스)에서 타니스로 옮겼다. 이 과정에서 함께 타니스로 옮겨진 기념물들 중에 바로 이 람세스 2세의 석비가 있었다. 이 비문은 힉소스의 신 세트(Seth)의 예배가 400년 전에 공식적으로 시작된 것을 기념하고 있다. 바룩 할퍼른은 솔로몬과 이집트가 좋은 외교관계를 맺고 있었으며, 예루살렘에서 성경의 일부가 기록되기 시작하던 당시에 이 석비가 타니스로 옮겨졌으므로, 요셉(또는 힉소스)의 시대와 이스라엘로 하여금 라암셋을 건설하도록 탄압한 파라오의 시대에 400년의 격차가 있음을 말하는 성경구절은 이 석비의 영향을 받은 것이라고 제안한다.

THE RISE OF ANCIENT ISRAEL
고대 이스라엘의 기원

이 아닙니다. 예를 들어, 아브라함도 청동기 중기의 풍요로운 주거지였던 헤브론에 거주했다고 알려져 있습니다.

야곱 스캐럽(scarab). 할퍼른에 의하면 힉소스 시대와 이스라엘이 이집트에 내려갔다는 전승은 확고한 역사적 사실에 바탕을 두고 있다. 위의 사진은 스캐럽이라고 불리는 딱정벌레모양의 인장으로 여기에는 Y'qb-HR이라는 이름이 새겨져 있다. 이는 가나안 이름 "야쿱"(야곱)을 이집트어로 표기한 것이다. 1969년에 하이파 근처에서 발견된 이 인장은 기원전 18세기의 것으로 추정되며, 가나안의 왕 야곱의 것으로 생각된다. 이 야곱이라는 인물은 이보다 한 세기 이후에 이집트를 다스렸던 힉소스 왕 야곱의 조상일 가능성이 있다. 성경은 모든 이스라엘인들은 기근 때문에 가나안에서 이집트로 갔던 야곱의 후손이라고 말해주고 있다.

THE RISE OF ANCIENT ISRAEL

바룩 할퍼른 · 출애굽, 사실인가 신화인가?

그러나 이러한 힉소스 시대와의 연관들이 순전히 문학적이며 민간전승적 요소만 가지고 있는 것일까요? 이스라엘과 힉소스와의 관련은 어느 정도 역사성을 가지고 있음이 두 종류의 자료들에 의하여 뒷받침되고 있습니다. 첫 번째 증거는 매우 놀랍습니다. 야곱이라는 이름이 힉소스의 왕의 이름으로 많은 스캐럽들에 새겨져 있습니다. 모든 이스라엘인들은 야곱이라는 한 조상에게서 기원했지요. 이 조상 야곱과 힉소스 왕의 이름 사이에 연관이 있을 가능성이 충분히 있습니다.

두 번째 증거는 창세기의 족장들이 거의 대부분 청동기 중기 힉소스 시대에서 기원했을 만한 이름들을 가지고 있다는 것입니다. 이삭, 이스마엘, 이스라엘, 요셉, 특히 야곱 모두가 그렇습니다. 이러한 이름들은 청동기 중기 이후에는 거의 발견되지 않습니다. 그런데도 이런 종류의 이름들은 이스라엘의 조상들의 이야기들에 집중적으로 등장합니다. 그러므로 족장들의 이야기, 또는 그들의 이름들은 청동기 중기 힉소스 시대에서 기원한 것입니다. 이 모든 증거들이 이스라엘의 족장사는 이 시기로부터 전해오던 전승들을 발전시킨 것임을 보여주고 있습니다.

그렇다면 이것이 출애굽과 무슨 상관이 있을까요? 성경에서 출애굽은 람세스 2세(기원전 1304-1238)의 탄압에 이어 메르넵타(기원전 1237-1227) 시대에 일어난 것으로 묘사합니다. 보다 구체적인 내용들이 있습니다. 람세스 2세의 기록들에는 아피루('Apiru) 포로들이 건설작업에 동원되었다는 내용이 있습니다. 아피루는 군사원정에서 종종 마주치던 소규모의 셈족 사람들을 가리키던 이집트 용어입니다. 이 단어는 아마도 나중에 이스라엘말로 이스라엘 민족을 가리키던 "히브리"('ivri)라는 말과 관련이 있을 것이고, 출애굽기에도 많이 사용되고 있습니다. 그러나 이집트에서 "아피루"라는 단어는 기원전 10세기 이후에는 사용되지 않게 되

THE RISE OF ANCIENT ISRAEL
고대 이스라엘의 기원

었습니다. 하지만 "히브리"는 이스라엘 민족을 가리키는 히브리어 단어로서 살아남았지요. 두 비슷한 단어들인 아피루와 히브리가 나란히 사용된 것으로 보아서 아피루는 기원전 2천년대로부터 기원한 것으로 생각됩니다.

파라오의 압제의 한 방편이었던 벽돌 제작도 이집트의 상황을 잘 반영하고 있습니다. 한 기원전 15세기의 무덤 벽화는 가나안인과 누비아인 포로들이 테베에서 벽돌을 만드는 과정을 묘사하고 있습니다. 한 문헌에서는 사람들이 벽돌을 만드는 데 사용되는 짚이 부족하다고 불평하고 있습니다. 이것도 이스라엘이 이집트에서 경험한 상황이지요. 그와 대조적으로 가나안에서는 짚은 진흙 벽돌을 만드는 데 거의 사용되지 않습니다. 성경의 전승의 거의 모든 세부적인 내용들이 이집트 19왕조의 상황을 반영하고 있습니다. 특히 람세스 2세 당시에 갑자기 강제 노역이 많아진 것은 역사적 정황과 정확히 일치합니다.

아바리스/페르-라암셋을 수도로 만들기 위하여 람세스 2세는 거대한 궁전, 화려한 신전들과 야심찬 수로건설 등을 진행했습니다. 그는 그의 새로운 수도를 끝없이 많은 거대한 석상들과 다른 기념물들로 장식했습니다. 물론 그는 새 수도로 기간 시설들을 들여와서 건설작업과 이집트 정부를 지원했지요.

그와 동시에 건설사업에 투입된 나일 삼각주의 인구의 상당수는 셈족인들이었습니다. 아시아에서 잡혀온 포로들은 제18왕조 때에 특히 신전 건축과 다른 국가적 프로젝트들에서 일했습니다. 하지만 이는 일반적으로 남부의 경우였습니다. 나일 삼각주, 특히 삼각주의 동쪽 지역은 아시아인들의 문화가 잘 보존되던 곳이었습니다. 그들의 노동력을 처음으로 람세스 2세가 활용했던 것이지요. 람세스 2세는 이집트 전역에 걸쳐 대규모의 사업들을 벌였으며, 삼각주 지역에서 아부 심벨에 이르기까지 그의 이름을 곳곳에

THE RISE OF ANCIENT ISRAEL

바룩 할퍼른 · 출애굽, 사실인가 신화인가?

아피루('Apiru). 여기 있는 아마르나 서신 점토판의 왼쪽 아래에 표시된 부분에는 아피루의 지도자 라바유(Lab'ayyu)의 이름이 새겨져 있다. 아피루는 셈족 전사들, 또는 도적들의 무리를 가리키던 이집트 용어로, 이들은 이집트가 지배하던 가나안의 여러 지역들을 불안정하게 만들었다. 일부 학자들에 의하면, 이 용어는 이스라엘의 단어 히브리('ivri)와 관련이 있으며, 성경에서 이스라엘인들을 민족적으로 구별할 때 사용된다.

THE RISE OF ANCIENT ISRAEL
고대 이스라엘의 기원

새겨 놓았습니다. 그는 이러한 건축사업들에 광범위하게 강제 노역을 시켰는데, 말할 것도 없이 그 중에는 셈족 출신 노예들이 많이 있었습니다.

이스라엘인들이 이집트에서 얼마나 오랫동안 머물렀든지 간에 성경은 출애굽을 청동기 말기의 사건으로 보고 있습니다. 기원전 13세기의 람세스 2세가 바로 이스라엘을 탄압했던 파라오입니다. (페르-)라암셋은 기원전 13세기에 건설되었습니다. 비록 정확한 위치에 대해서는 의견이 분분하지만 비돔도 비슷한 시기에 정착되었습니다. 이스라엘인들이 노예화된 규모도 람세스 2세의 시대에 걸맞습니다. 람세스 2세 당시 이집트의 권력이 위세를 떨쳤으며 대규모 건축사업들도 정점에 이르렀었는데 이 모두가 부분적으로는 아시아에서의 착취와 강제징수에 의한 것이었지요. 이스라엘이 400년간 이집트에서의 종살이를 했다는 성경의 견해가 람세스 2세의 400주년 기념비에 영향을 받은 것이라면, 람세스 2세가 이스라엘을 압제했던 파라오라는 확신은 이스라엘의 전승들의 발전을 가져왔습니다. 삼각주 지역에서 강제노역에 시달렸던 셈족인들은 이집트의 파라오들에 반대하면서 자신들을 힉소스 선조들과 동일시하였습니다. 그리하여 이스라엘이 힉소스와 동일시된 것입니다. 성경의 전승들 뒤에 이집트 제18왕조 후반과 19세기 초반의 강제노역의 경험이 있었음을 생각한다면 우리가 가진 성경 전승들의 성격이 왜 이런지 충분히 이해가 갈 만합니다.

게다가 이집트에서 가나안으로 가는 길에 이스라엘이 만난 사람들을 보면 출애굽이 이 시기에 있었다는 것이 명확해집니다. 이스라엘은 광야길에서 미디안, 아말렉, 에돔, 모압, 암몬을 만났지요(민수기 13, 14, 20-24). 모압은 람세스 2세 때 처음으로 국가 조직을 형성합니다. 에돔은 람세스 2세의 아들 메르넵타 때에 처음으로 요단 동편 남쪽에서 등장합니다. 미디안과 아말렉은 메르넵

THE RISE OF ANCIENT ISRAEL

바룩 할퍼른 · 출애굽, 사실인가 신화인가?

타 시대 직후에 가나안 남쪽 끝, 철기시대의 헤자즈(Hejaz) 근처에 있던 민족들이지만, 이 시대 이전과 이후에는 잘 알려지지 않았던 사람들입니다.

출애굽과 가나안 정복에 관한 성경에서 가장 오래된 본문은 출애굽기 15장의 바다의 노래입니다. 이 노래는 다음과 같이 이스라엘의 가나안 진입을 묘사하고 있습니다.

"열방이 듣고 떨며 블레셋 거민이 두려움에 잡히며
에돔 방백이 놀라고 모압 영웅이 떨림에 잡히며
가나안 거민이 다 낙담하나이다"
(출애굽기 15:14-15)

이 본문은 에돔과 모압을 요단 동편 남쪽에, 블레셋을 요단 서쪽, 즉 가나안의 남부 해안가에 위치한 것으로 묘사합니다("블레셋 사람의 땅의 길" 출애굽기 13:17, [E]). 그러나 블레셋인들은 기원전 12세기 초반 이후에야 가나안에 정착하기 시작했습니다. 그들은 이집트의 룩소의 외곽, 메디넷 하부(Medinet Habu)에 있는 신전 부조에 처음 등장합니다. 여기에서 람세스 3세는 재위 8년(기원전 1192)에 이집트의 지배하에 있던 아시아에서 블레셋인들을 쫓아냈다고 주장하고 있습니다. 게다가 기원전 1200년 이전의 이스라엘 땅에서는 블레셋의 거주지가 고고학적으로 발견된 적이 없습니다. 비록 출애굽기 15장이 후대의 상황을 이스라엘의 가나안 진입의 시대에 맞추어 넣은 것이긴 하지만 그래도 기원전 1100년보다 이후의 상황은 아닙니다.

만일 이스라엘의 가나안 진입을 기원전 13세기 후반보다 더 일찍 잡는다면 이런 문제가 생깁니다. 어째서 이스라엘의 가장 초기 전승들도 이스라엘이 정착한 훨씬 이후의 일인 블레셋의 가나안 정착(참고, 아모스 9:7)에 대하여 아무런 언급을 하지 않을까요?

THE RISE OF ANCIENT ISRAEL
고대 이스라엘의 기원

만일 이스라엘과 블레셋이 비슷한 시기에 정착했다면 이 문제는 간단해집니다. 산간지대에 처음 정착한 초기 이스라엘인들이 해안지역에 정착한 블레셋인들의 영토까지 확장해 나가기까지는 어느 정도 시간이 걸렸을 것입니다(실제로 블레셋과 유다와의 경계지역은 기원전 11세기 이후에야 정착되기 시작했습니다).

지금까지 살펴본 내용과의 관련하에 가장 어려운 문제는 출애굽과 가나안 정복 간의 관계입니다. 빌 데버는 이 주제에 대해 그의 강연 전 시간을 할애했는데요, 저는 저 개인의 생각을 간단히 말씀드리겠습니다. 기원전 13세기에도 여전히 요단 동편의 왕의 대로(the King's Highway)를 따라 여러 민족들이 부상하고 있었습니다. 에돔과 모압은 이집트 문헌에 언급되어 있습니다. 유목민들인 샤수(the Shasu)도 마찬가지로 언급되어 있습니다. 성경은 이 시기에 미디안이나 아말렉도 존재했다고 말해주고 있습니다. 암몬도 이 시기에 국가를 형성하기 시작했지요. 오래지 않아 아람 국가들도 시리아에서 발생하기 시작했고, 비슷한 시기에 북 시리아에서 아람인들이 등장했습니다(이들의 조상들은 샬만에셀 1세[기원전 1274-1245년]시대 때부터 문헌에 등장합니다). 이스라엘은 암몬, 모압뿐만 아니라 특히 아람과 에돔 사람들과 깊은 유대관계를 맺었습니다. 가나안의 산간지대에 처음으로 이스라엘이 정착한 것도 기원전 13세기 후반이었지요. 이들은 단지 도기의 전통이나 가족의 구성방식뿐만 아니라 조각예술이나 이름을 짓는 전통들도 요단 동편의 민족들과 공유했습니다.

제 말씀은 기원전 13세기에 한 새로운 민족이 시리아에서 왕의 대로를 따라 내려왔다는 것입니다. 이 사람들이 바로 성경에서 히브리인이라고 불리는 사람들인데요, 이 명칭은 외국인들이 이스라엘인들을 가리켜 말할 때 사용하던 것입니다. 적어도 철기시대 말에 기록된 성경본문들은 히브리인들을 가나안인, 아모리인들

또는 르파임(Rephaim)과 같은 토착민들의 후예로 보고 있습니다.

과연 무엇이 이 사람들을 가나안 땅 요단 양편의 다른 민족들 가운데 정착하도록 만들었을까요? 기원전 13세기는 북시리아와 발리흐 분지(the Balih basin: 터키 중남부와 북시리아의 아람 평야)의 사람들에게는 극심한 혼란의 시기였습니다. 이스라엘의 민속전승은 이스라엘이 바로 이 지역에서 기원했다고 말해주고 있습니다.[3] 같은 시기에 아시리아는 그 지방 토착국가인 미타니를 점차로 무너뜨려서 아시리아 지방으로 편입시켜 버렸습니다. 발리흐와 하부르 강을 따라서 유프라테스 북쪽지역에는 상당한 수의 서셈족인들이 살고 있었습니다. 그들 중 일부는 유목민들이거나 가축업과 농업을 번갈아하던 사람들이었습니다. 이들은 주로 산간지대에 거주했고 후에 아람인들로 불렸습니다. 많은 사람들이 무거운 세금을 피하기 위하여 가축업을 하며 떠돌아다녔지요.

이렇게 이민을 다니던 사람들 중 일부는 남시리아와 요단 동편뿐만 아니라 요단 서편 중앙산간지대로도 오게 되었습니다. 메르넵타는 그의 비문에서 바로 이 사람들에 대해 언급한 것입니다. 물질문명을 통해 나타나는 증거들을 보면 초기 이스라엘인들이 가나안 문화와 매우 흡사하다는 것을 알 수 있습니다. 목깃이 달린 단지들이 가나안 도시들에서도 발견된다는 주장에 대해 말하자면 이 단지들이 무역의 결과라고 설명할 수도 있기 때문에 별로 확실한 증거가 되지 못합니다. 요단 동편의 거주민들을 포함한 히브리인들의 도자기들의 연속성에 대한 주장 역시 이들이 가나안을 정복

---

3) 아브람은 하란출신이다(JP - 창세기 11:31f, 12:4f). 그는 그의 자녀들의 아내를 찾기위해 아람으로 돌아갔다(창세기 24; 28:10[= 호세아 12:13], 창세기 29-32). 신명기 26:5은 "우리 조상은 아람사람"이라고 말해주고 있다. 마찬가지로 창세기 10-11장의 J와 P의 족보에 따르면 아람인들은 이스라엘인들과 매우 가까운 사이였다.

THE RISE OF ANCIENT ISRAEL
고대 이스라엘의 기원

한 것이 아니라 시리아에서 점차로 이주해 왔다고 가정한다면 마찬가지로 설득력을 잃습니다. 사회구조, 건축양식, 가정 경제, 경제 활동에서의 차이점들을 생각해 보면, 저는 이스라엘과 요단 동편의 암몬, 모압, 에돔, 그리고 북쪽의 아람 모두가 가나안 자체에서 생성된 국가들이 아니며, 이들은 대부분 산간지대에서 가축업과 농업을 혼합하여 살아가던 사람들이었다고 보고 싶습니다.

그러나 공통의 문화를 가진 이 모든 새로운 사람들이 출애굽을 통해 온 사람들이라고는 상상할 수도 없습니다. 우선 이스라엘인들은 아람, 암몬, 모압, 에돔 사람들이 출애굽을 경험했다고 보지 않았습니다. 이는 이 사람들은 건국신화를 가지고 있지 않았음을 암시합니다. 그리고 이는 또한 가나안 땅의 초기 이스라엘이 출애굽의 결과로 형성되었는지, 또는 미국의 제임스타운(Jamestown)처럼 나중의 경험을 바탕으로 생겨난 건국신화의 결과물인지의 질문을 제기합니다.

특히 출애굽과 가나안 정복과의 관계를 이해하기 위해서는 출애굽이 과연 어떠한 성격을 띤 것인지 알아보아야 합니다. 앞에서 보았듯이 출애굽 이야기의 상당부분은 유형론적으로 보면 사실이라고 할 수 있습니다. 즉, 우리는 정확히 누구에게 이 사건들이 일어났는지 알 수 없으며, 모든 사건들이 한 집단의 사람들에게만 일어났다고 말할 수도 없습니다. 하지만 세부적인 내용들을 보면 청동기말기의 이집트에서 가나안인들이 경험한 것과 일치합니다. 셈족인들이 이집트에 있었고, 강제노역에 시달렸고, 벽돌을 생산했으며, 람세스 2세 때에 라암셋을 포함한 활발한 건축사업이 진행되었지요. 여기에 얼마든지 더 추가할 내용들이 있습니다. 모세의 이름도 이집트어 이름이고, 모세가 파라오의 궁정에서 자랐다는 것도 이집트 왕들이 그들의 지배하에 있던 셈족 국가의 봉신들의 자녀들을 이집트 궁정에서 인질로 잡아 기르던 행습을 반영합

니다.[4]

하지만 람세스나 메르넵타의 통치기에 삼백만명이든, 아니면 마네토의 기록대로 팔만명이든, 이 정도의 인구가 이집트를 떠나 와디 투밀랏(Wadi Tumilat)을 따라 이동했다는 것은 있을 수 없는 일입니다. 이 정도의 인구가 그 이후로 시내 반도나 네게브 지역을 방황했다는 것도 상상하기 힘든 일이구요.

작년에 캘리포니아의 에스콘디도에 있는 야생동물원에서 제 어린 딸이 처음으로 유니콘을 보았습니다. 제 딸이 목격한 것은 분명 유니콘이었습니다. 단, 그 영양이 머리를 돌려서 한 개가 아닌 두 개의 뿔을 보여주기 전까지는 말이지요. 그때에 제 딸은 일상과 신비의 차이는 단지 관점의 차이라는 것을 깨달았지요. 출애굽도 아마 마찬가지가 아닐까 생각합니다.

만일 출애굽이 유형론적으로 보았을 때 사실이라면 어떨까요? 와디 투밀랏을 따라 도망가던 노예들이 있었다는 기록이 있습니다. 기원전 13세기 후반에 한 관리가 두 명의 도망치던 노예들을 쫓아가다가 라암셋을 떠난 지 하루가 지나서 출애굽 당시 와디 투밀랏의 마지막 주둔지인 "체쿠(Tjeku)의 성벽"에 도달했습니다. 그 두 노예들은 남쪽 길을 통하여 동부 사막으로 나아갔습니다. 체쿠의 성벽은 국경을 지키려는 이집트의 노력을 보여줍니다. 그들은 이집트를 벗어나려고 이 길을 택했지요.

사막으로 도망가는 것도 그들이 신을 만났다는 것을 상징합니다. 그들이 통과한 지역 어딘가에 기원전 14, 13세기의 이집트 문

---

4) 이미 알려졌듯이 "모세"라는 이름은 일종의 축약형이다. "모세"는 "낳았다"를 의미한다. 본래 이 동사이름에는 람세스가 "라(Ra)가 낳았다", 또는 투트모세가 "토트(Thoth)가 낳았다"를 의미하듯이 신의 이름이 붙어 있었을 것이다. 아니면 이 이름은 모세 자신이 이스라엘 국가를 낳았다는 것을 상징하는 것일까?

THE RISE OF ANCIENT ISRAEL
고대 이스라엘의 기원

헌에 언급된 "야훼의 샤수(Shasu)의 땅"이 있었음은 우연이 아닙니다. 마찬가지로 이스라엘의 시인들이 야훼가 가나안 정복을 위하여 에돔의 들판, 세일(Seir)에서부터 나아간다고 생각했던 것도 우연이 아닙니다(사사기 5:4; 출애굽기 15:15; 신명기 33:2-3, 29; 시편 68:8-9, 18; 하박국 3:3; 열왕기상 19). 출애굽과 관련된 야훼 신앙의 미약한 시작은 일부 사건들에서 발견될 수 있지만, 이것들은 출애굽과 마찬가지로 고고학적으로나 역사학적으로 밝혀낼 수 있는 것은 아닙니다.

지금까지 우리가 알기로는 가나안의 남쪽 평원 어디엔가에서 출애굽과 관련된 제의가 있었습니다. 만일 이것이 마지막 발전단계라면, 출애굽은 "시간의 모래"에 아무런 흔적을 남기지 않고 사라졌을 것이라고 말할 수 있습니다. 그러나 이것은 마지막 단계가 아닙니다. 출애굽 신화와 이 신화를 간직하고 있던 공동체는 요단 동편의 왕의 대로(King's Highway)를 따라 정착했던 사람들과 접촉하게 되었습니다.

이 과정을 정확히 기술하기란 불가능합니다. 이 문제는 앞으로도 영원히 어둠속에 묻히게 될 것입니다. 우리가 알고 있는 부분은 다음과 같습니다. 출애굽을 경험한 한 무리의 사람들이 있었는데, 이 사람들이 출애굽 이야기를 시리아에서 요단을 건너온 이민자들(이 사람들을 이스라엘인들이라 부를 수 있을 것입니다)에게 소개했습니다. 왜냐하면 그들이 이 이민자들에게서 자기들의 것과 비슷한 문화를 발견했기 때문이지요. 이 문화 속에서 기원전 13, 12세기에 가축업으로 주업을 변경한 이스라엘인들은 그 땅의 이민자들로 받아들여졌습니다. 이러한 유사점들이 있는 것은 우연이 아닙니다. 이스라엘인들(시리아에서 온 이민자들과 산간지역에서 그들과 혼인관계로 맺어진 사람들)은 에돔 사람들(그리고 유목민 겐족속)에게서 동질성을 느꼈고, 그리하여 그들의 민속전

THE RISE OF ANCIENT ISRAEL

바룩 할퍼른 · 출애굽, 사실인가 신화인가?

승은 에돔의 조상인 에서를 야곱/이스라엘의 친형제로 묘사하고 있습니다.

　출애굽을 경험한 사람들은 이스라엘인들에게서 또 다른 무엇인가를 발견하였습니다. 요단 서편에서 이스라엘인들은 이집트의 가나안 통치에 가장 근접한 사람들이었습니다. 아람, 암몬, 모압, 에돔, 아랍 사람들을 포함한 히브리인들 중에서 이스라엘인들이 가장 많이 기근이 있을 때 어린이들을 이집트로 팔아넘기고, 이집트에 세금을 많이 내고, 팔레스틴의 계곡과 해안가를 따라 이동하던 이집트 군대에 취약한 사람들이었습니다. 그러므로 이들이 출애굽을 경험한 사람들로부터 전수받은 이집트의 압제로부터의 탈출 신화를 무난히 수용하게 된 것은 전혀 놀라운 일이 아닙니다. 출애굽을 경험한 사람들이 그들의 탈출과정 중에 출애굽기 15장에 기록된 대로 이집트 군대가 홍해에 빠진 사건을 실제로 경험했는가는 알 수 없습니다. 이러한 내용은 사사기 5장과 관련된 내용인 가나안의 군대가 이스르엘 계곡에서 물에 빠진 것에 영향을 받은 것일 수도 있고, 아니면 이스라엘인들이 관련된 다른 사건을 반영하는 것일 수도 있습니다. 어느 경우이든 이집트 군대를 물리치고 도망친 것이 핵심입니다.

　출애굽 이야기의 발전과정에서 더 중요한 요소가 있습니다. 출애굽 이야기가 이스라엘의 이야기로 재탄생되면서 출애굽은 약속의 땅의 주제와 관련지어졌습니다. 메이플라워서약서(the Mayflower Compact)처럼 출애굽 이야기는 이스라엘의 가나안 땅에 대한 소유권을 정당화하고 있습니다. 마치 북미에 도착한 순례시조들이 칠면조를 잡아먹었듯이, 이스라엘인들은 그 땅의 토템인 양을 잡아먹으면서 자신들의 소유권을 확정했습니다. 출애굽 이야기는 가나안 정복이야기 없이는 살아남지 못했을 것입니다.

THE RISE OF ANCIENT ISRAEL
고대 이스라엘의 기원

이로써 우리는 출애굽과 이스라엘의 가나안 정착과의 정확한 관계를 알기 힘들다는 것이 분명해졌습니다. 우리가 알고 있는 것은 출애굽은 철기 1기에 가나안에 살고 있는 이스라엘인들의 신학에 이미 핵심적인 요소가 되어 있었다는 것입니다. 출애굽기 15장에 있는 바다에서 거둔 승리, 야훼가 에돔에서 가나안을 정복하기 위하여 행진한다는 전승, 이집트 문헌에 있는 야훼의 샤수의 땅, 이 모든 언급들이 같은 결론을 가리킵니다. 철기 1기 초기에 이스라엘은 이미 남쪽(그리고 가나안의 외부)에 거주하던 한 신이 가나안에 이스라엘을 세울 목적으로 개입했다는 출애굽의 신화를 건국신화로 받아들였습니다. 이스라엘의 가나안 땅에 대한 소유권을 주장하고 있는 이 건국신화는 미국의 영토확장주의를 정당화한 논리인 매니페스트데스티니(Manifest Destiny)처럼 북쪽과 동쪽에서 새로 들어온 이스라엘인들의 무장을 독촉하는 것이었습니다.

야훼신앙의 도래는 평야지대의 가나안인들에 대한 외국인 혐오증을 불러일으켰습니다. 그래서 가나안인들은 이스라엘인들의 초기 문학작품들에서 반복적으로 전형적인 탄압자로 묘사되고 있습니다(사사기 5장; 출애굽기 15장 등등). 이 외국인 혐오증은 출애굽에 참여하지 않은 조상을 가진 어느 민족에게나 적용되었습니다. 그래서 이스라엘의 문학작품들에 반영된 외국인 혐오증은 이스라엘인이 아닌 사람, 즉 평야지대의 거주민들인 가나안인들을 향해 발산되었습니다.

이것 역시 건국신화의 주요한 기능입니다. 이러한 신화들은 다른 민족들을 배제합니다. 마치 할례행습이나 음식물에 대한 규제 등을 통해서 자신들과 다른 민족을 구분하듯이 말이지요. 그러나 핵심은 노예생활에서의 해방과 가나안 땅에 대한 권리에 중점을 둔 종교를 수립하는 데 있어서 고대 이스라엘은 단지 가나안인들을 제외하는 것뿐 아니라 한 민족 공동체가 독립성과 자치성을 누릴 수 있는 기본적 조건들을 위한 전형을 만들고 있었다는 점입니다.

THE RISE OF ANCIENT ISRAEL
고대 이스라엘의 기원

질문 제가 알기로는 테라(Thera)에서 대규모의 화산활동이 있었습니다. 이로 인해 나일 삼각주 지역에 엄청난 파도가 몰아쳤었습니다. 지중해 지역 전역에 걸쳐 사람들은 분명 화산에서 나오는 불을 목격했을 것입니다. 이 사건이 교수님께서 말씀하신 신화와 어떻게 들어맞을 수 있는지 설명해 주시겠습니까?

답변 출애굽기에 기록된 출애굽 당시의 여러 사건들에 기초한 출애굽에 대한 여러 이론들이 있습니다. 우선 테라의 화산활동이 언제 있었는지 정확한 연대를 알 수가 없습니다. 최근의 수정론적 이론에 따르면 기원전 약 1620년 정도라고 합니다. 어떤 사람들은 기원전 15세기경까지 그 연대를 낮추어 잡기도 합니다. 만일 테라에서의 화산의 연기가 하늘로 50킬로미터 가량 치솟았다면, 이집트의 삼각주지역에서도 그 연기를 볼 수 있었을 것이라고 합니다. 이것이 이스라엘인들을 인도했던 구름기둥과 불기둥이 되었다고 말하기도 하지요. 물론 이 구름기둥과 불기둥이 올바른 방향으로 인도했던 것은 아니지만, 어쨌거나 이스라엘인들은 이 기둥들을 따라갔지요(웃음). 여기서 우리는 두 가지 사실을 발견하게 됩니다. 우리는 테라의 화산분출을 크레타 문명의 쇠퇴와 멸망과 관련지어 왔습니다. 이것은 종종 아틀란티스 신화와도 연결되곤 하지요. 이야기가 반복될수록 테라는 화산이 분출한 섬이 아닌, 바닷속으로 가라앉은 섬으로 묘사되어 버렸습니다. 저는 테라의 이야기가 이스라엘의 소돔과 고모라 이야기의 기원이 아닌가 생각합니다. 근본적으로 아틀란티스 신화와 소돔과 고모라 이야기는 같은 이야기입니다. 단지 그 배경이 다를 뿐이지요.

테라가 바로 출애굽에 나오는 구름기둥일까요? 저는 매우 가능한 이야기라고 봅니다. 그렇다면 출애굽을 테라의 화산분출과 연대적으로 연결지을 수 있을까요? 아닙니다. 그것은 불가능합니다.

질문 언제부터 "요단 동편"(Transjordan)이라는 말이 지리학적 용어로 등장하기 시작했습니까? 만일 메르넵타가 80 또는 120 킬로미터를 더 동쪽으로 나아가 그 지역을 정복했다면, 그는 그 땅을 요단 동편이라고 지칭했을까요? 여기서 "trans-"라는 접두사는 로마인의 용어가 아닌가요?

답변 아주 좋은 질문입니다. 지금 말씀하시는 의도는 제가 메르넵타 비문을 이스라엘인들이 요단 서편에 있었다는 증거로 받아들이면 안 된다는 의미인 것 같은데, 맞습니까?

질문 아니요. 제 질문은 언제 "요단 동편"이라는 용어가 지리학적 용어로 등장했냐는 것입니다.

답변 하나의 개념이 아닌, 지리학적 용어로 말이지요?

질문 네, 단지 지리학적 용어로요.

답변 글쎄요……. 성서시대에도 이미 히브리어로 "에베르 하-야르덴"(요단 저편)이라는 표현이 사용되고 있었습니다. 이것

THE RISE OF ANCIENT ISRAEL
고대 이스라엘의 기원

이 바로 "요단 동편"(Transjordan)을 의미하는 표현이지요. 어쨌거나 이 지역을 영국이 빼앗았지요.

질문 저도 교수님이 여러 전승들의 기원을 밝히기 위하여 이름들을 이용한 것에 동의합니다(이러한 방식은 다른 분야, 예를 들면 영국사 같은 데에도 매우 유용하지요). 제 생각엔 족장시대가 청동기 중기와 힉소스 시대와 일치한다는 교수님의 주장이 매우 설득력이 있습니다. 그러나 교수님이 이러한 방식을 실제 출애굽에 적용시켰을 때, 매우 다른 대답을 이끌어냈습니다. 교수님은 "모세"라는 이름이 이집트 이름이라고 했지요. 사실 이 이름은 가공의 이름입니다. 이 이름은 "-의 아들"이라는 의미이지만 그 누구의 아들도 아닌 자임을 암시하는 가공의 이름이지요. 그러므로 역시 가공의 이름인 로물루스(Romulus)의 이야기가 꾸며내어 지어졌듯이 출애굽의 이야기도 그렇게 지어진 것임을 가리킬 수도 있습니다. 이는 로마의 초기 역사가 거의 완전히 허구인 것과 비슷합니다. 그러므로 출애굽의 실제 이야기를 이러한 증거에 대입시키는 것은 옳지 않은 듯합니다. 오히려 힉소스 시대에 이스라엘인들이 이집트에서 방랑한 것에 근거를 둔 확고한 바탕 안에서 출애굽의 역사를 풀어나가야 하지 않을까요?

답변 이스라엘의 전승 뒤에는 무언가가 있습니다. 우리가 마주치는 근본적인 문제는 사실 농민봉기설이나 가나안 정복설, 그리고 심지어 가나안 정복에 대한 고고학적 접근에 있어서도 마찬가지이지만, 이스라엘 전승은 항상 출애굽 전승, 즉 이집트에서 노예생활을 했다는 전승과 맞물려 있다는 점이지요.

질문 미국인들이 영국인이나 유럽인 조상을 가진 것은 어떤가요? 그

THE RISE OF ANCIENT ISRAEL

바룩 할퍼른 · 출애굽, 사실인가 신화인가?

게 일종의 조상 신화인가요?

답변 그 신화 뒤에 무언가가 있어야 합니다. 그것이 꼭 겉으로 말하는 내용과 일치할 필요는 없으며, 모든 측면을 포함할 수도 없습니다.

질문 그 뒤에 무언가가 있단 말입니까?

답변 그렇습니다. 그나저나 모세의 이름에 대하여 말하자면, 예를 들어 "Bonnie와 Clyde"가 아닌 단지 줄여서 "Bonnie"로 부르기도 하는 것과 비슷한데요, 이를 가리켜 애칭(hypocoristic)이라고 합니다. Bonnie는 "누구누구가 아기를 낳았다" 또는 "누구누구가 아이를 만들었다"는 말의 단축형입니다. 모세의 경우도 마찬가지입니다. 신의 이름만 빼버리고 나머지로 애칭을 만든 것이지요. 예를 들어 "Johnson"이라는 이름을 가진 사람을 단지 "Son"이라고 부르는 것과 같습니다. 모세의 이름이 바로 이런 단축형이지요.

질문 교수님께서 말씀하신 것들 중 일부는 좀 혼동스러운데요, 제가 말하고자 하는 바를 명확히 설명해 보겠습니다. 교수님은 출애굽 이야기가 출애굽이 일어난 한참 후에 왜 유대인들이 할례를 행하고 돼지고기를 먹지 않는지를 설명하고, 그들이 출애굽과 가나안 땅과 관련되어 있음을 주장하기 위한 일종의 신화적 틀을 만들기 위해 한 무리의 사람들이 지어낸 것이라고 주장하시는 것입니까? 즉, 출애굽 이야기는 이스라엘인들이 "우리는 이렇게 여기까지 왔다, 이것이 바로 왜, 그리고 어떻게 우리가 여기에 존재하게 된 것이다"라고 설명하기 위한 것입니까?

THE RISE OF ANCIENT ISRAEL
고대 이스라엘의 기원

답변 좀 더 설명해 보겠습니다.

질문 그리고 실제 사건이 일어난 시기와 그 사건이 후에 기록되기까지 얼마나 많은 시간적 간격이 있습니까?

답변 첫째로, 출애굽과 관련된 성경본문이 기록되기 시작한 최초의 시기는 기원전 10세기입니다. 제 생각엔 그것도 높게 잡은 것입니다. 일반적으로 이야기하는 J 자료의 연대보다 한 세기 가량 빠른 것이지요. 이와 관련된 다른 자료들, 예를 들어 출애굽기 15장과 사사기 5장, 신명기 33장과 같은 오래된 시가들은 아마도 철기 1기(기원전 1200-1000)로부터 기원했을 것입니다. 여러분들이 이스라엘의 기원을 재구성하려고 어떠한 모델을 사용하시든지 여러분들이 재구성한 사건들과 그 사건들을 전하는 이야기들이 기록된 시기 사이에는 상당한 시간적 차이가 있습니다. 전해오던 이야기들이 기록으로 남게되면 다소간 그 이야기들은 확정이 되어버립니다. 비록 새로운 이야기들이 만들어지더라도 옛 이야기들과는 차이가 있게 마련이지요. 이것이 바로 이야기의 개작의 과정입니다. 지금 질문하신 분은 마치 여러 사람들이 모여서 이 이야기를 조작해 낸 것처럼 말씀하셨는데요, 그건 사실이 아니라고 생각합니다.

질문 저는 기록했다고 했지, 조작했다고 말하지 않았는데요.

답변 알겠습니다. 어쨌거나 답변이 되었는지요?

질문 아니요. 제 질문을 다시 말하면요, 교수님은 성경에 기록된 출애굽 이야기가 첫째, 왜 유대인들이 할례를 행하며 음식에 대한 규정들을 가지고 있는지, 둘째 어떻게 그들이 가나안 땅을 소유하게 되었는지를 설명하기 위하여 출애굽이 발생한 수백년 후에 기록된 것이라고 주장하고 계시냐는 것입니다.

답변 제가 말하는 것은 후에 출애굽을 기념하는 절기가 된 유월절은 이미 그러한 다양한 질문들을 담고 있었다는 것입니다. 그리고 출애굽 신화는 유월절을 기념하는 상황에서 발전하여 오늘날의 형태가 된 것입니다.

질문 하나의 신인 이스라엘의 신 야훼의 발전과정과 아켄아텐의 유일신 태양신의 도입과 어떠한 관계가 있나요?

답변 제 견해로는 별 관계가 없습니다. 아마 카일 맥카터 교수께서 조금 있다가 이 관계에 대해 언급할지도 모르겠습니다.

질문 제가 어느 책에선가 이집트 역사에 출애굽에 대한 기록이 있다는 내용을 읽어본 것 같은데요.

답변 마네토라는 이집트의 사제가 그리스어로 기원전 3세기에 기록한 이집트 역사의 일부분이 남아있습니다. 그의 역사의 내용들은 요세푸스, 아프리카누스, 유세비우스와 같은 많은 고전 자료들에 보존되어 있습니다. 그러나 마네토는 출애굽을 이스라엘인들에게 적대적인 방식으로 재구성하기 위해 성경의 이야기를 간접적으로 사용한 듯합니다. 그러므로 마네토의 언급은 출애굽의 역사성에 대한 증거나 신뢰할 만한 자료가 될 수 없습니다.

제 4 강

이스라엘 종교의 기원
(The Origins of Israelite Religion)

카일 맥카터(P. Kyle McCarter, Jr.)

제 4 강

이스라엘 종교의 기원

(The Origins of Israelite Religion)

카일 맥카터(P. Kyle McCarter, Jr.)

앞의 강연자들은 이스라엘이 가나안의 중앙산간지대에 등장하기 시작했을 때의 고고학적 기록에 있어서 지금까지와는 다른 새로운 증거들을 언급했습니다. 도대체 무엇이 이러한 변화를 가져온 것일까요? 이스라엘이 등장한 이면에는 무슨 일들이 있었을까요? 종교도 중요한 역할을 했을까요? 빌 데버는 고고학은 이러한 질문에 답을 줄 수 없노라고 솔직히 시인했습니다. 그러므로 오늘의 마지막 강연자에게도 이스라엘 종교의 기원과 그 종교가 어떻게 새로 등장한 이스라엘 사람들에게 영향을 끼쳤는지의 문제는 상당히 도전적인 주제입니다. 저는 전 세계에서 이 어려운 주제를 다루는데 있어서 카일 맥카터보다 더 뛰어난 사람은 없다고 생각합니다. 카일도 역시 하버드에서 박사학위를 받았습니다. 그는 가장

THE RISE OF ANCIENT ISRAEL
고대 이스라엘의 기원

> 다양하고 넓은 분야에 걸쳐서 연구를 하는 학자입니다. 그는 고고학에서부터 고대 언어들, 각종 비문들에서 성경본문에 이르기까지 여러 분야의 많은 다른 측면들에 대한 지식을 가지고 있습니다. 그는 앵커바이블 시리즈에서 나온 사무엘 상하 주석의 저자입니다. 그는 미국 고대근동 및 동양학회(the American Schools of Oriental Research)의 회장을 역임했습니다. 그는 현재 존스홉킨스 대학교(Johns Hopkins University)에서 William Foxwell Albright 석좌교수로 재직 중입니다. 저는 그가 아침에 일어날 때마다 그가 맡고 있는 이 석좌교수 자리에 대하여 어떠한 느낌일까 궁금합니다. 아시다시피 Albright는 이전 세대 성서고고학의 대명사나 마찬가지였지요. 존스홉킨스의 William Foxwell Albright Professor of Biblical and Ancient Near Eastern Studies교수인 제 친구 카일 맥카터를 여러분께 소개하게 되어서 무척 기쁩니다.

오늘 이렇게 허셸이 불러모은 뛰어난 동료학자들과 강단을 함께 나눌 수 있게 된 것은 무척 뜻깊은 일이라 생각합니다. 빌 데버는 우리의 관심사인 지역의 고고학에 대해 세계적 권위자다운 강연을 해 주었고, 바룩 할퍼른은 오늘의 주제에 대해 지금까지 가장 중요한 책을 저술했습니다. 그러므로 오늘 그들과 함께 이 자리에서 그들이 말하는 바를 듣게 된 것도 제게는 기쁨입니다. 그런데 제게 하나 문제가 생긴건, 이들이 앞에서 모든 것을 벌써 다 말해버렸다는 것이지요.(웃음). 여러분들은 이미 모든 것을 들으셨습니다. 그럼 저는 이제 로빈 후드의 전설에 대해서 이야기해 볼까요?(웃음) 농담입니다.

허셸, 한 가지 흥미로운 사실을 말해보겠네. 학자들 간에 새로

THE RISE OF ANCIENT ISRAEL

카일 맥카터 · 이스라엘 종교의 기원

운 의견의 일치가 형성되고 있는 것 같네.

우리 학자들은 이 주제에 대해 오랜 논의를 거듭해 왔고, 제 생각에 철기시대가 시작될 무렵 팔레스틴의 이스라엘에서 어떠한 일들이 일어났는지 학자들 간에 의견이 수렴되고 있는 듯합니다. 저 또한 빌과 바룩이 말한 것에 동의하기 때문에 이런 말씀을 드립니다. 그리고 저는 허셀이 여러분께 말씀드렸던 지난 세월 동안의 학문적 논의를 이끌었던 이론들이 무너지는 것을 느낍니다. 우리는 지금까지 이스라엘의 기원에 대한 세 가지 이론들, 즉 군사적 정복설, 평화적 정착설, 사회혁명설 중에 하나를 선택해야만 했지요.

이것들은 이제 낡은 이론들이 되어버렸습니다. 그리고 우리는 더 이상 이 이론들에 대해 말할 필요가 없습니다. 우리는 하나의 새로운 모델을 발전시키고 있는 중이니까요.

제가 보기에는 새 모델의 기초는 바룩 할퍼른의 책 *The Emergence of Israel in Canaan*입니다. 이 책에 있는 주장들과 다른 학자들의 이야기들을 바탕으로 우리는 새로운 의견의 일치를 만들어가고 있습니다. 만일 여러분들이 오늘 강연자들이 말한 내용들을 생각해 보신다면 의견의 불일치보다는 공통의 견해들을 더 많이 발견하실 것입니다. 그건 우리가 모두 하버드 출신이기 때문은 아닙니다(웃음). 이 주제는 새로운 것이어서 우리가 공통의 견해를 주입식으로 교육받을 수 있었던 성질의 것이 아니지요. 빌, 바룩, 그리고 제가 다른 학자들을 설득해서 철기시대가 시작될 즈음에 팔레스틴에서 일어났던 복잡한 현상들을 새로운 방식으로 보도록 설득해야 할 하등의 이유도 없습니다.

그러나 이 시점에서 저는 하나의 다른 견해를 피력하고자 합니다. 그리고 이로써 제 생각들을 말씀드리고자 합니다. 저는 고고학자는 아닙니다. 저는 역사적, 문학적 자료들을 연구하지요. 그러므

THE RISE OF ANCIENT ISRAEL
고대 이스라엘의 기원

로 우선 고고학자들이 사사기에 대하여 공통적으로 말하고 있는 것에 문학적으로 보았을 때의 반론을 제기하고자 합니다. 고고학자들은 사사기 1장의 가나안 정복에 대한 기록이 여호수아서에 있는 내용보다 철기 1기 시대의 실제 모습을 더 정확하게 묘사하고 있다고 주장해 왔습니다. 사사기 1장은 가나안 정복에 대해 좀 더 현실적이고, 온건한 기록처럼 보입니다. 여호수아서에 묘사된 신속하고 완전한 가나안 땅의 정복과는 대조적으로, 사사기 1장은 한 두 지파를 제외하고는 대부분의 이스라엘 지파들이 그들이 분배받은 땅의 거주민들을 완전히 몰아내지 못했다고 말해주고 있습니다. 그러므로 사사기 1장은 더 초기의 기록이고, 여호수아서보다 신학적 영향을 덜 받았으며, 역사적으로 더 신뢰할 만한 기록이라는 것이지요.

하지만 저는 아주 흥미로운 사실을 하나 말씀드리겠습니다. 히브리어 성경의 고대 사본들 중에 가장 중요한 사본, 즉 히브리어 성경의 그리스어 초기 번역인 칠십인역을 보시면 가장 초기의 번역본들에서 사사기 1장이 빠져있는 것을 발견하게 될 것입니다. 여호수아서 마지막 부분이 끝나면 첫 번째 사사인 에훗의 이야기가 바로 뒤이어서 나오지요. 이는 여호수아-사사기의 초기 그리스어 번역에 사용된 히브리어 본문에는 사사기 1장이 없었다는 것을 말해줍니다.

이러한 본문비평적 문제는 여러 가지로 해석이 가능합니다. 표면적으로 생각하면, 고대에 사사기 1장이 없는 본문이 있었고, 후에 사사기 1장이 추가되었다고 볼 수 있습니다. 더 나중의 그리스어 번역자가 사사기 1장을 그리스어 번역에 삽입해 넣은 것입니다. 이 더 짧은 사사기에 대해 어떠한 해석이 가능할까요? 어떤 사람이 여호수아-사사기에서 사사기 1장을 제거했을 가능성이 있습니다. 그러나 그럴 확률은 별로 높지 않습니다. 고대의 서기관들

THE RISE OF ANCIENT ISRAEL

카일 맥카터 · 이스라엘 종교의 기원

은 무엇을 더하면 더했지, 빼지는 않았거든요. 그들은 그들이 작업하던 본문을 존중하고 심지어 경외하기까지 했으니까요. 그러므로 본문비평가들은 기본적으로 서기관들은 본문에서 일부분을 빼는 일이 거의 없다고 보고 있습니다. 만일 여러분 앞에 같은 본문의 두 가지 사본들이 있는데, 하나는 내용이 더 길고 다른 하나는 더 짧다고 한다면, 둘 중 더 짧은 것이 더 오래된 사본이고, 더 긴 것은 후에 내용이 더 첨가된 것으로 볼 수 있습니다. 그러므로 고고학적 논의의 핵심이 되는 사사기 1장은 본래 여호수아-사사기의 히브리어 본문에는 존재하지 않았을 가능성이 높습니다. 다르게 말하자면, 사사기 1장은 본래 독립적으로 존재하다가 나중에 성경에 추가되었다는 말입니다.

그렇다고 하더라도 이 사실은 여러 가지를 의미할 수 있습니다. 우선 이 사실은 사사기 1장이 아주 오래된 본문인데 비교적 나중에 성경에 추가되었음을 보여준다고 할 수 있지요. 하지만 반면에 사사기 1장이 아주 후대의 본문일 가능성도 있습니다. 저는 사사기 1장을 오래된 본문이 아닌, 아주 후대의 본문으로 볼 여지가 있는지 생각해 보았습니다. 허셀과 빌이 앞에서 말씀드린 사사기 1장이 여호수아서보다 더 오래되고, 더 신뢰할 만한 기록이라는 이론은 저도 알고 있습니다. 그러나 저는 사사기 1장을 후대의 기록으로 볼 가능성을 가늠해 보려고 합니다.

여러분께서 사사기 1장을 주의깊게 읽어보신다면 매우 흥미로운 사실을 발견하실 수 있을 것입니다. 사사기 1장은 모든 이스라엘 지파들이 그들이 배정받은 땅에서 그 땅의 거주민들을 몰아내지 못했다고 말하고 있지 않습니다. 단지 대부분의 지파들이 그러했다는 것이지요. 그러나 두 지파는 예외적으로 그 땅의 거주민들을 몰아내었다고 기록되어 있습니다. 바로 유다와 베냐민 지파이지요. 이 말은 곧 유다와 베냐민의 영토가 가장 일관되게 이스라

THE RISE OF ANCIENT ISRAEL
고대 이스라엘의 기원

엘인들의 거주지이며, 또한 다른 인구가 가장 적게 섞여 살던 지역이라는 것을 암시합니다. 이를 이스라엘 역사, 특히 포로기 이후에 비추어 생각해 본다면, 이때가 바로 유다와 베냐민을 제외한 모든 이스라엘 영토를 상당한 기간 동안 예루살렘에 세워졌던 페르시아 정부에 의해 빼앗겼던 시기였습니다. 게다가 포로기 이후는 이스라엘의 민족적 혈통을 지키기 위해 외국인과의 혼인을 금지하는 것과 같은 느헤미야(느헤미야 13장을 보시오)의 개혁에 대한 성경본문이 저작된 시기이기도 합니다. 그렇다면 이 시기에 사사기 1장 같은 정복을 다루는 본문이 지어졌다면, 이는 매우 그럴듯한 이야기입니다. 사사기 1장은 유다와 베냐민의 영토를 외국인들이 아닌 이스라엘인들의 순수한 거주지로 묘사함으로써, 느헤미야의 개혁적 기치를 지지하고, 바빌론으로부터 돌아온 유대인들과 충돌을 일으켰던 "그 땅 백성들"(에스라 4:4)을 반대하려는 목적을 가지고 있었다는 말입니다.

그러므로 사사기 1장은 포로기 이후의 시대상황과 잘 들어맞지요. 이 본문은 아마 이때에 지어져서 이미 존재하던 여호수아-사사기에 추가되었을 것입니다. 저는 더 이상의 확실한 증거는 찾지 못했지만, 어쨌든 저는 그렇게 생각합니다. 여하튼, 제 동료들도 인정하리라 믿지만, 제가 조금 전에 말씀드린 예는 성서고고학을 할 때 우리가 종종 겪게 되는 위험성을 보여줍니다. 문학비평을 사용하여 문학작품을 다룰 때에도 우리의 연구결과는 빌이 말했듯이 "땅에서" 발견하는 내용과는 일치하지 않는 경우가 많습니다. 사사기 1장은 빌이 땅에서 발견하는 것과 더 일치할지 모르지만, 그렇다고 하더라도 이는 우연의 결과일 수 있습니다. 본문비평적으로 보았을 때, 사사기 1장은 철기시대 초기에 대한 논의에 포함시키기에는 적어도 500년 이상 후대의 본문이라고 보는 것이 옳습니다. 이제 우리가 다루는 주제가 얼마나 복잡한 것인지 아시

THE RISE OF ANCIENT ISRAEL

카일 맥카터 · 이스라엘 종교의 기원

겠지요?

 허셀이 저를 우리 학문의 모든 다양한 분야에 걸쳐서 연구하는 사람이라고 소개했지요? 그 말은 제가 각 분야에 아마추어로서 연구한다는 것을 공손하게 표현한 것이 아닐까요? 저는 고고학이나 다른 분야에서도 연구를 진행합니다. 이러한 저의 학문적 다양성은 이러한 문제들을 서로 비교하는 것이 얼마나 어려운 일인지를 깨닫게 해줍니다. 다른 표현으로 말씀드리기 위해 하나의 시를 여러분께 인용해 드리고자 합니다. 히브리어 고대 시가들 중의 하나인데요. 앞에서 바룩 할퍼른이 이스라엘의 역사와 선역사를 재구성하는 데 매우 중요한 본문들 중의 하나라고 이미 강조했었던 시입니다. 성경에서 가장 오래된 본문은 소위 고대 시가로 불리는 것들인데, 제가 말하고자 하는 히브리어 고대 시는 성경에 있는 것이 아닙니다. 이것은 쿤틸렛 아즈루드(Kuntillet Ajrud)라는 북부 시나이의 한 지역에서 발견된 것입니다. 이 시는 한 건물의 벽토에 잉크로 기록되었습니다. 글자체는 히브리어의 것이 아니고 페니키아의 것이지만, 그 말은 히브리어로 되어 있습니다. 쿤틸렛 아즈루드는 기원전 9세기 초의 것이지만, 이 시는 이 장소의 연대가 아닌, 그 시의 내용과 성격 때문에 히브리어 고대 시가의 하나로 분류됩니다. 우리가 도자기들을 도기 유형에 근거하여 연대를 측정하듯이, 시도 알려진 시들의 유형에 따라서 연대를 측정할 수 있습니다. 히브리어 고대 시가들에 대해 알려진 바에 근거해서, 저는 이 시가 비록 9세기의 문헌에서 발견되긴 했지만, 본래 철기 1기(기원전 1200-1000)에 지어졌던 것으로 보고 있습니다.

 이 시는 부분적으로만 보존되어 있어서 여러분께 아주 아름답게 낭송해 드리기는 힘듭니다. 이 시는 "엘이 빛을 비추었을 때……"하고 시작합니다. 여기에 언급된 신의 이름 엘은 성경에서 이스라엘의 하나님의 이름 중의 하나로 등장하는데, 빌이 앞에서

THE RISE OF ANCIENT ISRAEL
고대 이스라엘의 기원

말했듯이 엘은 가나안 만신전에서 최고의 신을 일컫는 이름이기도 합니다. "엘이 빛을 비추었을 때……" 여기서 "빛을 비추다"라고 제가 번역한 히브리어 동사는 태양이 뜨는 것을 가리키는 용어입니다. 태양이 떠오르는 모습을 상징하는 것이지요. 비록 우리의 동료 마크 스미스(Mark Smith)가 지적했듯이 성경에서 이스라엘의 하나님에게 태양의 이미지가 적용되기도 하며, 학자들은 이에 큰 관심을 기울여오지 않은 것이 사실이지만, 저는 이 시에서 굳이 태양의 이미지를 형상화할 필요는 없다고 봅니다. 그러나 핵심은 이 동사가 엘의 모습에 대하여 전달하는 이미지는 태양이 뜨는 모습이며, 태양은 물론 동쪽에서 뜬다는 사실입니다.

"엘이 빛을 비추었을 때……"가 언급된 몇 행 뒤에 같은 개념이 등장합니다. "바알이 전쟁의 날에 [일어섰을] 때……", "전쟁의 날"(브욤 하밀카마)이라는 표현은 성경의 "야훼의 날"의 개념을 연상케 합니다. 이 야훼의 날은 예언자들이 기다리던 때, 즉 이스라엘의 하나님이 일어나 적들을 물리치는 특별한 사건을 가리키는 말입니다(이사야 2:12-21, 13:6-10; 예레미야 46:10; 에스겔 13:5). 페니키아 문자와 바알이라는 신의 이름이 사용되었기 때문에 일부 학자들은 이 시가 페니키아의 것이며 쿤틸렛 아즈루드에는 여러 사람들이 함께 있었다고 생각하기도 합니다. 모두들 이스라엘인들이 거기에 있었다는 사실은 인정합니다. 그러나 이 학자들은 페니키아인들도 함께 있었다는 것이지요. 그러나 저는 그렇게 생각하지 않습니다. 저는 여기에 언급된 "바알"은 단순히 "주"를 의미하는 단어라고 생각합니다. 히브리어에서도 바알은 주를 의미하는 일반명사이며, 초기 이스라엘, 특히 초기 왕정시대에 야훼를 바알(주)이라고 부르는 것이 별 문제가 되지 않았다는 증거들이 있습니다. 바알이라는 명칭은 나중에 가서야 배척되었는데, 왜냐하면 이 명칭이 야훼의 라이벌 신들과도 관련지어졌기 때문

THE RISE OF ANCIENT ISRAEL
카일 맥카터 · 이스라엘 종교의 기원

이지요. 사실 바알이라는 단어는 결국 야훼가 아닌 야훼의 라이벌 신들을 가리키는 일반적인 표현이 되어버렸습니다. 하지만 저는 쿤틸렛 아즈루드에서 발견된 이 시의 표현은 "주께서 전쟁의 날에 [일어섰을] 때……"라는 표현과 다를 바 없다고 생각합니다.

야훼신앙의 기원에 대해 알려주는 히브리어 고대 시가들

신명기 33:2
"여호와께서 시내에서 오시고
세일에서 일어나시고
바란산에서 비춰시고"

사사기 5:4-5
"여호와여 주께서 세일에서부터 나오시고,
에돔 들에서부터 진행하실 때에
땅이 진동하고 하늘도 새어서
구름이 물을 내렸나이다.
산들이 여호와 앞에서 진동하니
저 시내산도 이스라엘 하나님 여호와 앞에서 진동하였도다."

하박국 3:3, 7
"하나님이 데만에서부터 오시며
거룩한 자가 바란산에서부터 오시도다
그 영광이 하늘을 덮었고
그 찬송이 세계에 가득하도다
……
구산의 장막이 환난을 당하고
미디안 땅의 휘장이 흔들리도다."

THE RISE OF ANCIENT ISRAEL
고대 이스라엘의 기원

> 시편 68:8-9
> "하나님이여 주의 백성 앞에서 앞서 나가사
> 광야에 행진하셨을 때에
> 땅이 진동하며 하늘이 하나님 앞에서 떨어지며
> 저 시내산도 하나님 곧 이스라엘의 하나님 앞에서
> 진동하였나이다."

"엘이 빛을 비추었을 때……"와 "주께서 전쟁의 날에 [일어섰을] 때……"라는 문구들 사이에는 산들이 두려움에 녹아내리는 모습을 묘사하는 구절들이 있습니다. 이 시의 나머지 부분은 너무 조금만 보존되어 있어서 재구성하기가 힘듭니다. 제가 재구성해 본 바에 의하면, 이 시에 여섯 명의 사람들이 한 마리의 나귀를 타고 있는 내용이 나오는데요(웃음). 그게 도대체 무엇을 의미하는지 저는 잘 모르겠습니다. 이에 관해 하버드의 프랭크 크로스(Frank M. Cross)교수와 연락을 해서 제가 재구성한 내용을 보내드렸습니다. 그는 이 시에 대해 딱히 말할 것은 없지만, 제 해석은 분명 틀린 것 같다고 말했습니다. 저도 동의합니다. 여섯 사람이 한 마리의 나귀를 타는 것은 좀 불편하게 들리지요. 특히 나귀에게는 더더욱 그렇겠지요(웃음). 그러므로 저는 이 부분은 재구성하지 않고 그냥 내버려두는 것이 더 낫다고 생각합니다.

그렇다면 어째서 제가 여러분께 이렇게 얼마 보존되지도 않은 시를 소개하는 것일까요? 그 이유는 바로 이 시가 성경에 있는 매우 중요한 고대 시가들의 내용을 보충해주기 때문입니다. 이미 말씀드렸듯이, 이 시는 다른 시들과의 비교에 근거해서 아주 고대의 것으로 판명되었습니다. 이러한 고대의 시가들로는 출애굽기 15장, 사사기 5장, 신명기 33장, 하박국 3장, 시편 68편 등이 있습니다. 이 시들과 몇몇 다른 시들은 성경의 히브리어 시가들 중에서

THE RISE OF ANCIENT ISRAEL

카일 맥카터 · 이스라엘 종교의 기원

가장 오래된 것들입니다.

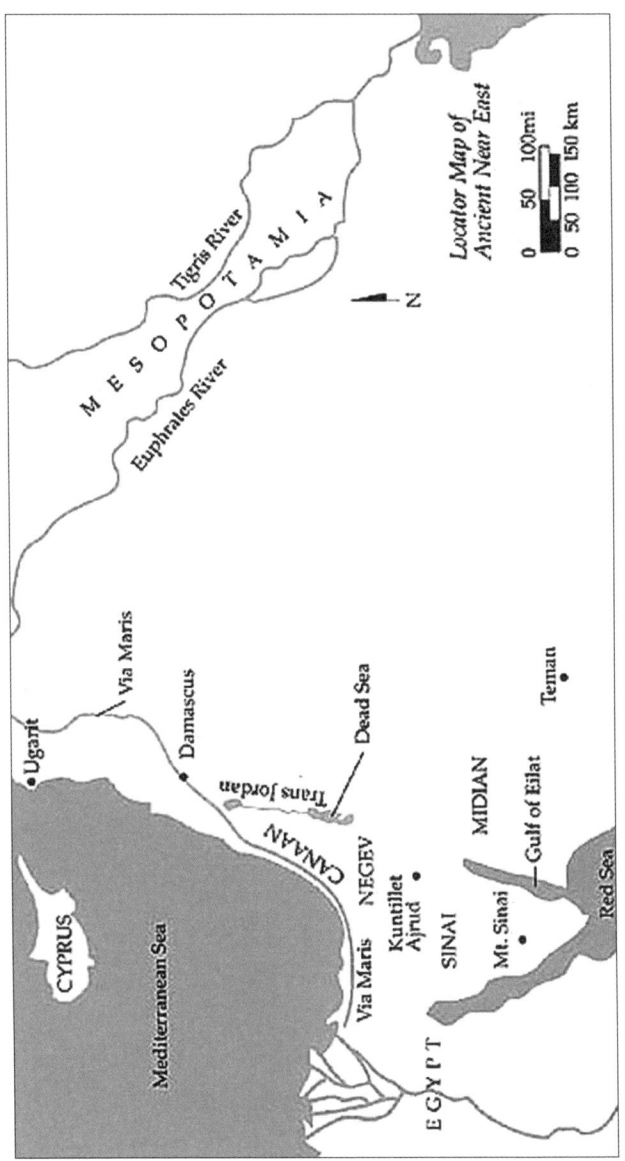

THE RISE OF ANCIENT ISRAEL

고대 이스라엘의 기원

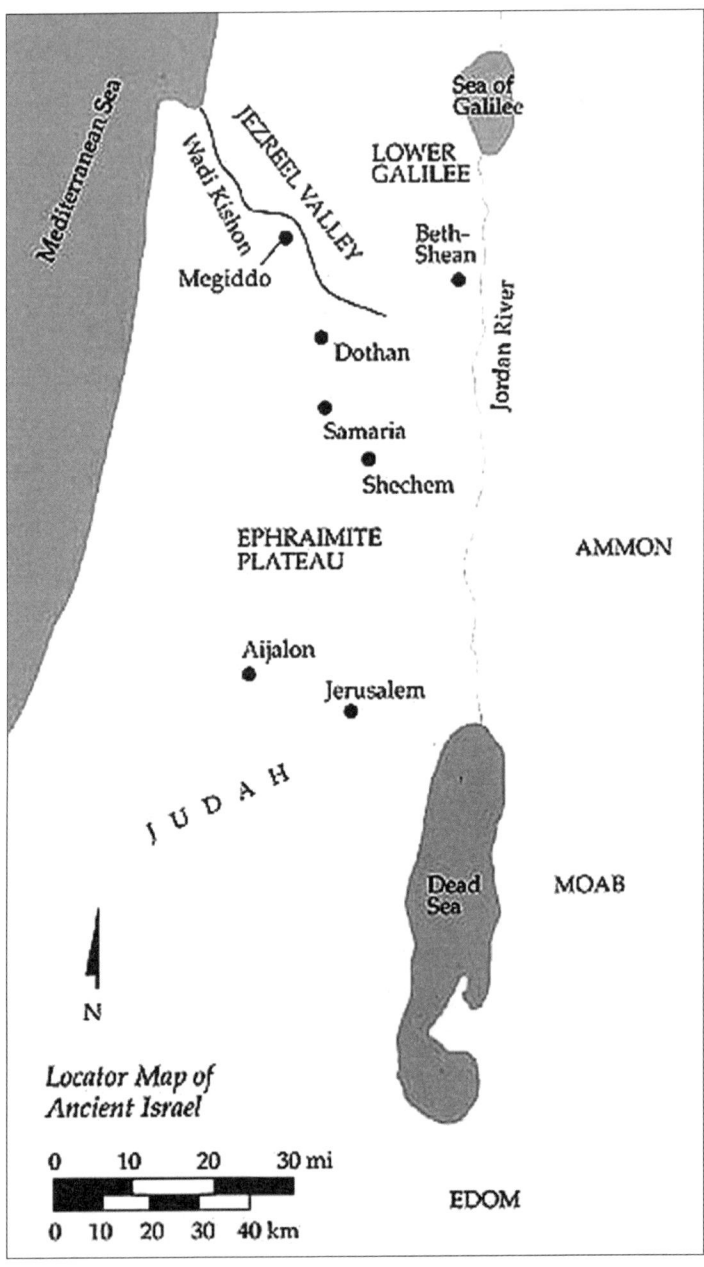

THE RISE OF ANCIENT ISRAEL
카일 맥카터 · 이스라엘 종교의 기원

이 시들은 초기의 이스라엘의 하나님 예배에 대해 공통적으로 어떠한 정보를 담고 있을까요? 이 시들은 일관되게 하나님은 전사라고 말하고 있습니다. 그는 그의 백성들을 위해, 그리고 그의 적들을 무찌르기 위해 나아갑니다. 그리고 그는 남동쪽에서부터 나아갑니다. 그는 데만(남쪽땅, 하박국 3:3), 또는 유다의 남동쪽 땅인 에돔(사사기 5:4), 또는 시내에서 나아갑니다. 그러므로 가장 오래된 이 시가들은 이스라엘의 하나님을 이스라엘과 유다의 남쪽과 동쪽, 보다 구체적으로는 와디 아라바(the Wadi Arabah)의 동쪽과 관련짓고 있습니다. 이러한 사실에 근거해서 일부 학자들은 이미 오래 전에 이스라엘의 하나님인 야훼신앙이 이스라엘과 유다의 남동쪽, 오늘날의 북부 사우디 아라비아와 남부 요르단, 이스라엘을 포함하는 지역에서 기원했다고 결론지었습니다.

이 오랜 학설을 다시 거론하는 이유를 몇 가지 더 설명하겠습니다. 신의 현현(theophany)이라는 단어는 신적 존재의 출현을 의미합니다. 시내산은 야훼의 현현의 주요 장소였습니다. 이 사실은 흥미롭게도 성경 전승의 현재 형태에서 뿐만 아니라, 그 초기 전승에서도 마찬가지입니다. 야훼는 출애굽한 사람들이 시내산에 도착한 것을 말해주는 비교적 후기의 본문인 출애굽기 19장에서 뿐만 아니라, 앞에서 본 히브리어 고대 시가들에서도 시내산과 관련지어져 있습니다. 시내산 전승이 이렇게 지속된 것은 놀랍습니다. 왜냐하면 그 전승을 제거하려는 경향이 있기 때문이지요. 즉, 야훼의 현현의 장소를 시내산에서 약속의 땅 안의 장소, 구체적으로는 예루살렘으로 옮기려는 시도들이 있었단 말입니다. 사실 다윗 왕조의 수립 이후 발전된 왕가의 신학에서는 시온산이 가장 거룩한 산입니다. 시온 전승에 따르면, 솔로몬 신전은 영원히 야훼의 거주지입니다(열왕기상 8:13). 그렇다면 어째서 시온산이 시내산을 완전히 대체하지 못했을까요? 제가 아는 그 유일한 해답은 그

THE RISE OF ANCIENT ISRAEL
고대 이스라엘의 기원

옛날 시내산 전승이 아주 중요하고 널리 알려진 것이며, 그래서 지속적으로 권위있는 전승으로 인정받았기 때문에, 나중의 시온 산 전승도 그것을 완전히 억누를 수 없었다는 것입니다.

야훼 신앙이 유다의 남쪽과 동쪽에서 기원했다는 또 하나의 암시는 바로 미디안 전승입니다. 출애굽 이야기에서 모세가 이집트를 떠나 광야로 갔고 야훼를 만났지요. 이 중요한 사건이 우리가 말하고 있는 지역에서 일어난 것입니다. 야훼와 이스라엘인들과의 첫 만남이 미디안에서 일어났다는 것이 바로 이 전승인데, 미디안은 출애굽 이야기에서 이 지역을 가리키는 이름으로 사용되고 있습니다. 출애굽기 2장과 3장에서 모세는 이드로라는 사람의 딸과 결혼을 합니다. 이드로는 미디안 제사장이었고, 어느 순간 이드로는 야훼가 신들 중에 가장 위대한 분이라고 말합니다(출애굽기 18:11). 출애굽기 6장을 보시면, 성경의 전승들 중의 일부분은 이스라엘의 하나님이 처음으로 미디안에서 그의 이름을 야훼로 밝혔다고 말하고 있음을 알 수 있습니다. 다른 말로 하자면, 성경 자체도 어느 의미에서는 야훼 신앙이 유다의 남쪽과 동쪽에서 기원했다고 전하고 있다는 것입니다.

저는 지금까지 얘기했던 이스라엘과 가나안의 선역사에 대해 다시 언급하고자 합니다. 왜냐하면 이것도 우리의 주제와 관련이 있기 때문이지요. 저는 이스라엘이 가나안에서 자신들의 위치를 확립할 때의 과정을 일종의 민족적 정체성의 수립의 과정으로 보고자 합니다. 이스라엘이 자신들과 다른 사람들과 경계를 짓는 과정이지요. 그러므로 철기 1기에 갑작스럽게 늘어난 산간지대의 인구가 어디에서 왔는지의 문제는 이스라엘의 기원을 설명하는 데 있어서 부차적인 문제일 수밖에 없습니다. 저는 이들의 기원이 다양하다고 보고 있는데, 이들이 어디에서 왔건 이들은 정교하게 고안된 족보들을 통하여 자신들과 주변의 타인들 사이에 민족적 경

THE RISE OF ANCIENT ISRAEL

카일 맥카터 · 이스라엘 종교의 기원

계를 지음으로써 비로소 하나의 민족이 되었던 것입니다.

종교는 이 민족적 경계를 짓는 과정에서 매우 중요한 역할을 했습니다. 이스라엘인들은 이스라엘의 신 야훼를 경배했던 사람들입니다. 이와 비슷하게 암몬 사람들은 암몬의 신 밀곰(Milcom)을 경배했고, 모압 사람들은 모압의 신 케모스(Chemosh)를 경배했고, 에돔 사람들은 에돔의 신 카우스(Qaus)를 경배했습니다. 철기시대 팔레스틴에서 발전된 종교들의 특징적인 형태는 자신들의 민족 신을 우선적으로 섬기는 것이었습니다. 이는 야훼 신앙과 이스라엘도 같은 시기에 이와 같은 발전을 통해 일어났음을 시사합니다. 좀 더 설명해 보겠습니다.

앞에서 보아왔듯이, 이스라엘 공동체의 선역사의 배경은 일련의 협곡들에 의해 구분되는 고지대인 중앙산간지역입니다. 이 중앙산간지대의 북편에는 남부 갈릴리와 사마리아의 언덕들을 와디 기손(Wadi Kishon)과 이스르엘 계곡을 따라 나누는 벧산(Beth-Shean) 통로가 있습니다. 남편에는 아얄론을 포함하여 사마리아의 언덕들과 유다의 언덕들을 나누는 일련의 협곡들이 이어집니다. 이스라엘이 등장한 장소는 바로 이 두 협곡들의 사이에 있는 고지대입니다. 오늘 여러분께서 들으셨듯이, 이 지역은 기원전 1200년 이전에는 사람들이 별로 거주하지 않았던 곳이고, 최근의 고고학 연구는 기원전 1200년 이후의 인구의 증가에 대한 증거들을 수집하고 있는 중입니다. 여기서 강조할 만한 점은 이 지역의 경계들이, 제 생각에는, 주요 협곡들과 해안 평야지대를 연결하는 Via Maris(해변길, 또는 이집트인들이 부르듯 호루스의 길[the Way of Horus])에 대한 이집트의 통제력에 따라 결정되었다는 것입니다. 이집트에서 북부 시나이를 거쳐 팔레스틴의 해안 평야지대를 지나 므깃도와 다마스커스와 그 북쪽까지 이어지는 이 도로는 이집트 제국이 그들의 경제적, 정치적 이익을 위해 반드시 통

THE RISE OF ANCIENT ISRAEL
고대 이스라엘의 기원

제하고 있어야 했던 도로입니다. 이 해안 평야지대와 주요 협곡들에 대한 이집트의 통제는 중앙산간지대를 고립시키는 효과를 가지고 있었지요. 이 산간지대의 얼마 안 되는 사람들은 북쪽, 남쪽, 서쪽의 이웃들로부터 고립되어 살았던 것입니다.

청동기 시대 말엽, 새로운 사람들을 중앙산간지대로 이동하게끔 한 사건들이 발생했습니다. 이 사람들은 북쪽과 동쪽 에브라임 고원 지대의 숲과 남쪽 베냐민의 산마루 지역에 정착했습니다. 이 사람들이 어디에서 왔는지는 이미 앞의 강연들에서 많이 다루어졌습니다. 그리고 저도 빌 데버가 말한 것에 대체로 동의합니다. 이 시기에 여러 이유들로 인해 평야지대 도시들의 삶은 황폐해졌고, 이 도시들에서 상당히 많은 사람들이 도시를 빠져나와 중앙산지로 이동했음을 알려주는 증거들이 있습니다. 만일 이것이 사실이라면 이러한 이주는 도시 생활에서 마을 단위의 생활로의 이동과 관련이 있을 것입니다. 저는 기후의 변화가 이를 촉발시켰다고 생각합니다. 기후가 건조해지면 거대한 도시들을 유지하기가 힘들어지고, 오히려 작은 단위의 마을을 이루어 사는 것이 더 쉬워집니다. 그리고 청동기 후기의 막바지에 이르러서는 이 지역의 기후가 상당히 건조해졌다는 보고들이 있습니다. 메소포타미아에서는 이러한 기후의 변화가 아주 두드러져서 청동기 후기의 기후에 대한 연구들이 상당히 이루어졌으며, 같은 시기에 유럽에서도 비슷한 기후의 변화가 있었음은 이미 잘 알려져 있습니다.[1] 그러므로 건조한 기후에 도시를 유지하기 힘든 것이 바로 이 사람들을 농촌으로 몰아낸 중요한 요소였다는 말입니다.

여러 다른 요소들이 철기 1기의 주거형태의 변화에 영향을 끼

---

1) J. Neumann and S. Parpola, "Climatic Change and the Eleventh-Tenth Century Eclipse of Assyria and Babylonia", *Journal of Near Eastern Studies* 46 (1987), 161-183.

THE RISE OF ANCIENT ISRAEL

카일 맥카터 · 이스라엘 종교의 기원

쳤으며, 그 중 일부는 이미 여러분들께서 오늘 들으신 내용들입니다. 산간지대의 급격한 인구증가는 더 이상 이스라엘의 정복의 결과로 설명할 필요가 없습니다. 물론 새로운 사람들이 팔레스틴에 도달한 것이 사실입니다. 블레셋인들과 다른 시피플(Sea Peoples)들도 이 시기에 팔레스틴의 해안 평야지대에 정착했습니다. 그러나 적어도 제 견해로는 이들의 정착은 갑작스런 인구변화의 원인이라기보다는 단지 그 결과의 하나일 뿐입니다. 이 시피플들은 기원전 1200년 이전에 동부 지중해에서 살던 사람들임을 우리는 알고 있습니다. 후에 북부 유럽의 바이킹처럼 그들은 해안의 마을들을 습격하여, 약탈을 일삼고, 다시 바다로 도망가면서 그들의 생활을 유지했습니다. 그들은 이런 식으로 수 세기를 살아왔었지요. 그런데 상황이 변해서, 노략질 대신에 정착을 하게 된 것입니다. 달라진 상황 때문에 많은 사람들이 거주하던 큰 도시들은 더 이상 이러한 바다로부터의 공격을 견디지 못할 정도로 약해졌습니다.

이집트도 제국의 지배력을 유지하기 힘들 정도로 약해졌습니다. 아얄론과 이스르엘과 같은 커다란 해안 도시들과 계곡의 주요 도시들의 인구는 줄어들기 시작했습니다. 도시들은 붕괴되기 시작했고 근처의 산간지역들은 새로운 거주지와 마을들로 채워지기 시작했습니다. 여러분들은 오늘 아시아의 유목민들을 가리키는 이집트 말인 "샤수"(Shasu)라는 단어를 들으셨을 것입니다. 산간지대의 정착민들 중에 샤수 사람들이 있었을까요? 그렇습니다. 비록 가끔씩 있었던 유목민들의 정착을 고고학적으로 밝혀내는 것은 무척 힘들지만 아마도 샤수 사람들의 일부도 그곳에 정착했을 것입니다. 여하튼 샤수 사람들은 산간지대 정착민들의 다수는 아니었던 것으로 보입니다. 물론 독일의 동료 학자들 중 일부는 여전히 산간지대의 인구증가를 베두인의 정착과 비슷한 과정으로

THE RISE OF ANCIENT ISRAEL
고대 이스라엘의 기원

설명하고 있습니다. 그리고 빌이 말했듯이 일부 이스라엘 학자들도 이에 동의하고 있습니다. 그러나 독일의 학자 알브레히트 알트가 주장했던 고전적 형태의 정착 이론은 오늘날에는 가나안 정복설보다 더 나을 것이 없고, 사회변혁 이론도 그 증거가 전혀 없어서 별 지지를 받지 못하고 있습니다. 대신 우리는 이제 이스라엘의 등장을 다음의 과정을 포함한 하나의 복잡한 현상으로 보고 있습니다. 첫째, 이집트-가나안 제국의 도시들의 붕괴를 포함한 여러 이유들로 인한 중앙산간지대에의 새로운 사람들의 정착과, 둘째, 산간지대 정착민들을 서로 연결하는 잘 고안된 족보를 통한 민족 정체성 확립의 과정입니다.

이는 아주 흥미롭고 중요한 사실을 상기시켜 줍니다. 이 모든 일들이 일어나기 이전에 가나안에는 이스라엘이라는 존재가 있었습니다. 제가 이 분야에서 교육받을 때 저는 메르넵타의 소위 이스라엘 석비가 이스라엘의 가나안 도착의 연대를 결정하는 단서라고 배웠습니다. 가나안 정복에 대한 질문이 제기되면, 사람들은 항상 기원전 13세기의 메르넵타의 군사 원정을 결정적인 기준으로 삼았는데요, 그 석비가 이스라엘을 언급하고 있으므로 가나안 정복은 그보다 먼저 일어났다는 것이지요. 그러나 현재의 정보에 비추어 볼 때, 메르넵타의 석비는 여전히 중요하지만 그 의미가 전혀 다른 것으로 이해될 수 있습니다. 후에 이스라엘의 중심부가 될 중앙산지의 인구가 메르넵타의 군사원정 이전이 아닌, 이후에 증가했다는 사실을 알게 된 이상, 우리는 메르넵타 석비의 의미를 완전히 새롭게 이해해야만 할 처지에 놓였습니다. 이 석비는 우리가 이전에 생각했던 것과는 사뭇 다른 사실을 알려줍니다. 즉, 초기 이스라엘을 탄생시켰던 변화들이 생기기 이전에 이미 가나안에 이스라엘이라고 불리는 사람들이 있었다는 것입니다.

이 점은 매우 중요합니다. 사람이 드물었던 청동기 후기의 가나

THE RISE OF ANCIENT ISRAEL

카일 맥카터 · 이스라엘 종교의 기원

안 산간지대에 이스라엘이라고 불리는 사람들이 있었습니다. 그 이후에 철기시대가 시작되면서 새로 온 사람들이 산지에 정착하면서 그들은 이 원-이스라엘 사람들과 동맹을 맺었고, 결과적으로 초기 이스라엘이 형성되었습니다. 이 사람들은 혈통적 관계로 이어진 부족들의 연합으로 결국에는 하나의 국가로 발전하게 되었습니다.

여러분들은 아마 새로운 사람들이 와서 이스라엘과 연합하여 이스라엘이 되었다는 제 말에 의아해하실 것입니다. 이스라엘은 하여튼 민족적 집단입니다. 친족관계로 맺어진 사람들이지요. 그러므로 어느 한 사람은 이스라엘인이거나 아니면 이스라엘인이 아닙니다. 비(非)이스라엘인이 이스라엘과 정치적 또는 종교적으로 연합할 수는 있습니다. 그러나 민족적으로 연합하는 것이 과연 가능할까요? 그 답은 "그렇다" 입니다. 친족이란 물론 생물학적으로 정의되고, 족보를 통해서 표현되는 것입니다. 그러나 많은 사회에서 족보 속의 관계는 생물학적으로 엄밀하게 말하면 인위적인 경우가 많습니다. 즉, 생물학적 혈통 이외의 다른 요소들이 작용한다는 것이지요. 대부분의 친족 체제에서 혼인이나 입양을 통해 친족이 성립되기도 합니다. 어떤 체제에서는 또 다른 비생물학적 방법으로 친족 관계가 형성되기도 하구요. 인종학에 대한 최근의 사회과학적 연구들을 보시면, 많은 학자들이 이 주제에 관심을 기울이고 있음을 아실 것입니다. 학자들은 세계의 인구들을 조사해서 한 집단의 사람들이 어떻게 자신들을 친족으로 규명하여 다른 집단과 구분하고 있는지 연구해 왔습니다. 특히 다른 집단들과 함께 사는 집단의 친족관계에 대한 연구가 활발합니다. 그렇다면 민족 집단들이 어떻게 자신들의 정체성을 확인하고 유지할까요? 민족 집단들은 여러 방식으로 자신들과 주변인들을 구분합니다. 이러한 구분은 종교, 언어, 발음의 차이, 의복을 입는 방식, 음식물에

THE RISE OF ANCIENT ISRAEL
고대 이스라엘의 기원

　대한 규제 등을 통하여 이루어지기도 합니다. 어떠한 방식으로든 그들은 자신들 주변에 경계를 짓습니다. 그리고 이러한 경계를 지음으로 인하여 민족이 탄생되는 것입니다.

　철기 1기에 이전에 이스라엘이 아니었던 커다란 무리의 사람들이 이러한 민족적 경계 짓기를 통하여 이미 이스라엘로 불렸던 소수의 사람들과 자신들을 민족적으로 동일시하기 시작했습니다. 성경을 읽다보면 이에 대한 증거를 찾으실 수 있는데요, 성경은 종종 일관되게 이스라엘인들은 가나안인들이 아니며, 가나안인들과 혼인을 해서도 안 된다고 주장하고 있습니다. 또한 성경은 가족사와 족보에 대해 매우 강조하고 있습니다. 이 모든 것들은 바로 민족적 경계 짓기의 오랜 전통에서 나온 것입니다. 바로 이스라엘을 처음으로 탄생시킨 전통이지요.

　게다가, 흥미로운 점은 이 경계 짓기가 새로운 방식이 아닌, 기존에 존재하던 사람들과의 동일시화를 통하여 이스라엘을 탄생시켰다는 것입니다. 이 원-이스라엘인들은 과연 누구일까요? 저는 이 질문에 가설을 바탕으로 대답하고자 합니다. 청동기 후기에 이집트의 지배하에 있던 주요 해안 평야지대와 계곡지대 외부의 고립된 지역인 팔레스틴과 요단 동편의 내륙에는 하나의 문화가 연속되고 있었습니다. 이 지역은 북쪽의 사마리아 산지의 도단과 세겜에서부터 시작하여 동쪽으로는 요단 동편 중앙부, 남쪽으로는 에일랏 만(the Gulf of Eilat)의 북동쪽 연안까지 초승달 모양으로 이어졌습니다. 이 경계까지는 평야지대를 다스리던 이집트의 지배하에 있었습니다. 그러나 북쪽으로 벧산(Beth-Shean) 통로와 남쪽으로 아얄론 계곡과 네게브에 의해 막힌 내륙은 평야지대의 이집트-가나안 문화의 영향으로부터 단절되어 있었습니다. 청동기 후기에 이 고립된 지역에서 발전된 관습과 사상들은 우가릿에서 발견된 문서들에 나타난 가나안 문화도 아니었고, 팔레스틴의

THE RISE OF ANCIENT ISRAEL

카일 맥카터 · 이스라엘 종교의 기원

평야지대 사람들에 대한 이집트인들과 히타인트인들의 기록에 나타난 문화도 아니었습니다.

  빌이 설명했듯이 철기 1기 산간지대 거주지들에 대한 고고학적 연구들은 철기 1기의 독특한 도기형태가 사마리아와 유다의 산지들을 넘어서 요단 동편의 중앙과 남부까지 퍼졌음을 보여줍니다. 이 지역은 후에 암몬, 모압, 에돔이 된 지역입니다. 이러한 도기 전통의 통일성은 다른 증거들과 아울러 하나의 공통된 문화적 배경을 암시합니다. 그리고 이는 청동기 후기부터 그 지역에 이어지던 문화적 연속성의 결과로 쉽게 설명될 수 있습니다. 자, 제가 말하고자 하는 바는 바로 청동기 후기에 이스라엘 문화의 초기 특징들, 특히 이스라엘의 하나님 예배가 형성되었다는 것입니다. 이때가 야훼신앙의 뿌리를 내린 팔레스틴의 중앙산간지대와 야훼신앙이 기원한 에일랏 만의 북동쪽 지역이 문화적으로 연속성을 유지하고 있었던 시기입니다. 철기시대 초기 암몬, 모압, 에돔 등 국가들이 등장한 이후로는 이 연속성이 단절되었습니다. 그러므로 만일 거의 확실하게 보이는 것처럼 야훼신앙이 미디안에서 기원해서 이스라엘로 전수되었다면, 야훼신앙은 철기가 아닌 청동기 후기에 시작되었다는 말입니다.

  이 말이 암시하는 바는 메르넵타 석비가 기록되던 당시 존재하던 이스라엘은 이미 야훼주의적이었다는 것입니다. 그러므로 철기시대에 이 원-이스라엘인들이 살던 지역에 몰려온 인구들은 그들과 인종적으로 뿐만 아니라 종교적으로도 연합했던 것입니다. 그들이 받아들인 전승들은 매우 영향력이 큰 것이어서 이스라엘과 유다 왕국이 창설되었을 때 야훼신앙은 그들의 문화의 기본적 요소로 이미 자리를 잡았습니다. 후에 철기 2기가 되어서 이스라엘이 쿤틸렛 아즈루드의 비문에 적힌 대로 "사마리아의 야훼"를 섬기고, 유다는 시편에 있는 대로 "시온의 야훼"(Yahweh-in-

THE RISE OF ANCIENT ISRAEL
고대 이스라엘의 기원

"나는 사마리아의 야훼와 그의 아세라를 통하여 당신을 축복합니다"라는 문구가 쿤틸렛 아즈루드에서 출토된 이 도자기 파편 윗부분의 비문에 기록되어 있다. 이 비문 아래의 세 인물들의 정체에 대해서는 학자들 간에 격렬한 논쟁거리가 되어 왔다. 일부는 왼쪽의 인물은 야훼를 나타내며, 중앙 아니면 오른쪽의 인물은 여신 아세라를 나타낸다고 주장한다. 이 학자들은 아세라는 야훼의 배우자였다고 믿고 있다. 다른 학자들은 왼쪽과 중앙의 인물들은 팔짱을 끼고 있고, 깃이 달린 머리 장식을 하고 있는 것으로 보아 이집트의 신 베스(Bes)를 나타낸다고 생각한다. 이 경우, 오른쪽의 인물은 단지 수금을 타는 사람일 뿐이다. 카일 맥카터에 의하면, "사마리아의 야훼"는 기원전 10세기 말에 북 이스라엘 왕국이 유다로부터 떨어져 나간 후 그곳에 살던 사람들이 사용하던 호칭이다. 맥카터는 이 두 국가에서도 남쪽과 동쪽에 뿌리를 두고 있던 이전의 야훼 종교의 강력한 전통이 잔존했음을 강조한다. 그리고 무엇보다도 이 강력한 신앙이 바로 이스라엘의 기원의 핵심이었다.

THE RISE OF ANCIENT ISRAEL

카일 맥카터 · 이스라엘 종교의 기원

Zion)를 섬기기 시작했을 때 이 두 국가의 공식종교는 그리 강한 것이 못되어서 이스라엘인들과 이 두 국가의 존재를 가능케 했던 원-이스라엘 또는 이스라엘 이전의 야훼 종교의 기억을 완전히 지워버리지는 못했던 것입니다.

THE RISE OF ANCIENT ISRAEL
고대 이스라엘의 기원

질문 이스라엘의 하나님의 배우자 여신에 대해 종종 거론되곤 하는데요, 이에 대해 말씀해 주시겠습니까?

답변 네, 그러나 이는 한 두 문장으로 간단히 대답할 수 있는 질문이 아닙니다. 이 질문은 이스라엘의 하나님과도 관련이 있습니다. 이스라엘의 하나님이 독신이었을까요, 아닐까요? 쿤틸렛 아즈루드의 비문을 보면 이스라엘의 신앙(그리고 유다의 신앙도 그렇습니다. 왜냐하면 쿤틸렛 아즈루드에서는 북 이스라엘과 남 유다의 요소들이 모두 발견되었으니까요)은 야훼와 함께 여신을 섬기고 있었음을 알 수 있습니다. 그러므로 간단한 답은 "그렇다"입니다. 일부 이스라엘인들은 어느 때엔가 야훼에게 배우자 여신이 있었다고 믿었습니다.

그러나 우리는 이 이스라엘의 여신을 청동기시대의 가나안의 여신들처럼 생각해서는 안 됩니다. 야훼신앙은 일단 확립된 후에는 청동기의 종교와는 완전히 다른 특징을 가졌습니다. 철기시대 이스라엘의 종교는 암몬, 모압, 에돔, 그리고 일부 아람 국가들과 마찬가지로 청동기의 종교와는 달랐습니다. 청동기의 종교에 대해서 우리는 많은 정보를 가지고 있습니다. 그러나 철기시대의 종교에 대해서는 문헌들로부터 얻는 자료가 별로 없습니다. 우리는 철기시대의 종교에 대해 오직 후대에 완전하게 발달된 유일신앙의 관점에서 기록된 성경을 통해 주어지는, 한 번 걸러진 정보들을 통해서만 알 수 있을 뿐입니다. 하지만 제가 재구성하는 바에 따르면, 기원전 9세기의 이스라엘과 유다의 수도에서 행해지던 공식 종교는 야훼를 그가 예배 가운데 임재하는 자신의 분신인 배우자 여신이 있었다고 보았습니다.

이 말이 무엇을 의미하느냐구요? 여러분들이 만일 교회나 회당, 또는 신전에 들어가면, 그곳에 신이 현존한다고 말합니다. 고대에는 한 신의 예배 가운데의 현존은 그가 가진 속성의 발현으로 생각되곤 했습니다. 예배 가운데의 현존과 같은 추상적 개념이 구체화되는 것을 가리키는 전문용어를 "하이포스태시스"(hypostasis)라고 합니다. 한 신의 예배중의 현존이 구체화된 형태는 종종 의인화가 되곤 했습니다. 남신의 현존의 경우는 항상 여신으로 의인화되었습니다. 쿤틸렛 아즈루드의 비문에 언급된 야훼의 배우자의 문제에 대해서 말하자면, 저는 이 여신은 바로 야훼의 현존이 구체화되어 여신으로 의인화된 것이라고 해석합니다. 다르게 말하면, 여러분이 야훼께 기원을 올릴 때 이 여신이 야훼 대신 가까이에 있는 매개자의 역할을 한다는 것입니다. 그와 동시에 이 여신은 야훼의 배우자로도 여겨졌던 것입니다. 정리하자면 일부 사람들은 이스라엘의 하나님을 독신으로 여기지 않았다고 할 수 있습니다.

물론 이 사실을 우리가 몰랐다면 이상한 것이지요. 왜냐하면 야훼를 여신과 관련짓는 것을 싫어하던 성경의 예언자들이 이스라엘인들이 여신을 섬겼음을 암시하는 언어를 종종 사용했기 때문입니다. 그리고 성경의 역사서들도 이스라엘과 유다의 왕들이 아세라를 경배했다고 분명히 말하고 있지요. 그러나 아세라를 거부한 종교적 경향이 있었고, 그 경향은 결국 유대교로 발전한 야훼신앙의 형태로 인정받게 되었습니다.

THE RISE OF ANCIENT ISRAEL
고대 이스라엘의 기원

그래서 유대교는 신의 복수성뿐만 아니라, 남녀의 이원성도 인정하지 않습니다. 이것이 바로 이스라엘의 여신의 개념이 우리에게 익숙하지 않은 이유입니다. 반면에 철기시대에는 여신 숭배는 적어도 일부 집단에서는 확고히 자리잡은 종교의 행태였습니다.

질문 현재 알려진 바에 따르면 블레셋인들은 누구입니까? 미케네 문명에서 온 사람들인가요, 또는 그리스인들인가요, 아니면 다른 사람들인가요?

답변 블레셋인들은 청동기 후기 말엽에 지중해 동쪽 연안에 나타난 사람들 중 한 집단입니다. 그들은 블레셋(Peleshet 또는 Pereshet, 영어식 표기는 Philistine)이라는 이름으로 이집트 문헌에 처음으로 등장하였으며, 기원전 12세기 이사분기의 람세스 3세의 기록들에서 더욱 흔히 언급되고 있습니다. 그들은 갈멜산 돌출부의 남쪽, 가나안의 해안 평야지대에 정착했습니다. 이곳은 후에 블레셋 평원으로 알려지게 됩니다. 나중에 나라 전체가 그들의 이름을 따라 팔레스틴으로 불리게 됩니다. 성경의 전승에 따르면 블레셋인들은 원래 크레타, 즉 성경의 갑돌(Caphtor)에서 왔습니다. 이 전승은 역사적 사실을 반영하고 있는 것이 확실해 보입니다. 학자들은 블레셋의 조상들과 크레타와 관련이 있다는 조상학적 증거들과 이유들을 발견했습니다. 성경에 블레셋과 가까운 이웃으로 언급된 사람들 중에 그렛(the Cherethites)이라는 사람들이 있었는데, 이들은 다윗왕의 개인 경호원으로 고용된 용병들이었습니다. 그리고 그렛이라는 용어는 아마도 크레타에서 기원했을 것입니다.

THE RISE OF ANCIENT ISRAEL

카일 맥카터 · 이스라엘 종교의 기원

질문 하나님의 현존, 즉 하이포스태시스에 대해서 교수님께서 말씀하신 것들을 나일강의 엘레판틴 섬에 있던 유대교 신전과 연결지어 설명해 주실 수 있겠습니까? 그 신전은 야훼와 두 여신들에게 바쳐진 것으로 알고 있는데요.

답변 페르시아 시대에 엘레판틴이라고 불리는 나일강의 한 섬에 살던 유대교 공동체와 예루살렘 사이의 교신을 담고 있는 아람어 문서들이 발견되었습니다. 다시 말하면, 이는 예루살렘의 주요 유대인 공동체와 이집트에 있는 유대인 공동체 간의 교신입니다. 이 문서들은 엘레판틴 공동체가 그들이 야호(Yaho)라고 불렀던 야훼에게 바쳐진 신전뿐만 아니라, 유대교의 신이면서 그들의 이름에 야훼의 특성을 담고 있는 여러 다른 신들도 섬겼음을 보여줍니다. 오래 전에 올브라이트가 이미 이 다른 신들은 타종교와 혼합된 이방신들이라기보다는 야훼의 특성들일 뿐이라고 제안했었습니다. 저도 그 생각에 동의합니다. 저는 올브라이트가 옳았다고 생각합니다. 그는 우리에게 익숙하지 않은 종교의 형태들을 재구성하는 것의 어려움을 분명히 이해하고 있었습니다. 제가 이미 말씀드렸듯이 가나안 종교, 유일신 사상, 혼합종교 같은 식으로 종교를 구분짓는 것은 지나치게 단순한 생각입니다. 분명 우리가 더 이해해야 할 다양한 종교적 사상들이 더 있습니다. 엘레판틴 문서들이 이에 대한 중요한 단서들을 제공해줍니다. 이것들은 또한 쿤틸렛 아즈루드의 비문들을 해석하는데 중요한 자료이기도 하구요.

질문 교수님께서는 시편 29편을 초기의 작품으로 보십니까?

THE RISE OF ANCIENT ISRAEL
고대 이스라엘의 기원

답변 물론입니다. 비록 제가 언급하지는 않았지만, 시편 29편은 틀림없이 고대 시가로 분류될 수 있습니다.

질문 지금까지의 학문적 연구에 맞서는 것이 될까봐 이러한 질문을 드리는 것이 좀 두렵습니다만, 가나안 정복설은 이제 더 이상 그대로 받아들이기 힘든 것 같습니다. 하지만, 만일 성경의 저자나 편집자들이 성경에서 이스라엘인들의 족보와 가나안 땅에 대한 권리를 주장하려면, "우리는 외지에서 들어온 침입자로 이 땅을 칼로 정복했다"는 식의 주장보다는 차라리 "우리는 본래 이 땅 출신이다. 그러므로 이 땅에 대한 권리를 가지고 있다"라는 주장이 더 설득력이 있지 않았을까요?

답변 저는 오늘 종교에 관해서만 이야기했기 때문에 사실 가나안 정복설에 대한 이야기를 별로 하지 못했습니다. 이제 이에 대해 말할 수 있게 되어서 질문하신 분께 감사드립니다. 제가 아는대로 설명해 보겠습니다. 새로운 사람들이 지정학적으로 고립된 지역으로 몰려와서 그곳에 이미 살고 있던 민족적, 종교적 공동체와 연합했습니다. 산간지대의 인구가 점차로 증가하면서 평야지대의 도시들은 점차로 취약해져 갔고, 결국 둘 사이에 갈등이 시작되었습니다. 내륙의 사람들은 평야지대의 도시들을 접수하기 시작했습니다. 그러나 싹쓸이하듯 하는 전쟁을 통해서가 아니라, 오랜 시간에 걸쳐 하나하나씩 이루어진 것이지요. 우리는 여러 증거들을 바탕으로 이 시기를 가늠해 볼 수 있는데요, 예를 들어 벧산(Beth-Shean)은 적어도 람세스 6세(기원전 1141-1134)의 시기까지는 이집트-가나안의 도시로 남아있었습니다. 여기에서 발견된 스캐럽(scarab)에 람세스의 이름이 새겨져 있지요. 성경에 의하면

THE RISE OF ANCIENT ISRAEL
카일 맥카터 · 이스라엘 종교의 기원

예루살렘은 다윗 때까지 독립적인 도시였습니다. 그러나 이 도시들은 결국 이스라엘인들의 손에 넘어갔지요. 제가 제안하고자 하는 것은 이스라엘인들이 이 도시들을 정복한 기억들이 간결화되어서 남아 여호수아서의 기록에 있는 전승을 만들어냈다는 것입니다. 그렇다고 여호수아의 정복 이야기가 역사적 문서라는 얘기가 아닙니다. 그것은 약속의 땅의 신성함을 강조하고자 하는 종교적 고백입니다. 그럼에도 불구하고, 저는 이 이야기는 이스라엘인들이 실제 역사 속에서 평야지대의 도시들을 정복했던 사건들을 바탕으로 형성된 전승을 담고 있다고 생각합니다. 간단히 말하면, 저는 가나안 정복설을 통체로 내버리진 않겠습니다. 왜냐하면 가나안 정복 이야기들은 실제 전쟁활동의 기억을 간직하고 있기 때문이지요.

질문 앗시리아인들이 북 이스라엘 왕국을 멸망시키고 그곳의 사람들을 제거하고 난 후, 북 이스라엘은 어떻게 되었는지 학자들의 견해를 알고 싶습니다.

답변 아주 흥미로운 주제입니다. 바로 잃어버린 열 지파의 전설에 관한 것이지요. 그 당시 세계의 대부분의 사람들에게 일어난 것과 똑같은 일이 북 이스라엘 사람들에게 일어난 것입니다. 당시 앗시리아는 정복지의 인구를 추방하여 다른 곳으로 이주시키는 정책을 가지고 있었습니다. 이 정책은 피정복자들의 영토와 정치적 정체성을 제거하려는 목적도 가지고 있었습니다. 이는 인류 역사 속에서 인간들이 자행해 온 끔찍한 일들 중의 하나이지요. 앗시리아인들은 비록 안타까운 현실이지만 피정복민들을 그 땅에서 다른 곳으로 이주시켜버리

THE RISE OF ANCIENT ISRAEL
고대 이스라엘의 기원

면 반란을 일으킬 확률이 줄어든다는 사실을 정확히 알고 있었습니다. 피정복자들은 그들의 정체성을 잃어버리고, 새로 이주한 곳의 사람들과 동화되게 마련이었습니다. 그리고 이스라엘인들도 그렇게 되었습니다.

질문 그들은 어디로 갔나요?

답변 우리는 그들이 어디로 갔는지 알고 있습니다. 그들은 다른 사람들이 살던 지역으로 옮겨졌지요. 그들은 시리아로, 그리고 메소포타미아로 옮겨졌습니다. 전부 옮겨져서 사라져버렸지요. 그들이 체로키족(the Cherokees)이나 앵클로색슨인들로 다시 등장하진 않았을 것입니다. 그들이 일단 강제로 이주를 당한 후에는 그들의 정체성을 잃어버렸습니다. 일단 이주한 사람들은 그곳의 정체성을 받아들이게 되거든요. 잃어버린 열 지파의 전설은 성서시대 이후의 민간전승의 하나로 우리의 전문분야 밖에 있는 주제입니다.

패널토의

허셜 섕크스(Hershel Shanks)
윌리엄 데버(William G. Dever)
바룩 할퍼른(Baruch Halpern)
카일 맥카터(P. Kyle McCarter, Jr.)

패널토의

허셜 섕크스(Hershel Shanks)
윌리엄 데버(William G. Dever)
바룩 할퍼른(Baruch Halpern)
카일 맥카터(P. Kyle McCarter, Jr.)

허셜 섕크스 제 동료들이 여러분께 강연할 때, 제가 보기에는 지나치게 공손했던 것 같습니다(웃음). 오늘 강연자들이 한 말들 중에 "이 친구가 말한 것은 정확합니다.", "저는 이 친구의 의견에 전적으로 동의합니다." 이런 표현들이 좀 많았지요? 아직도 오늘 강연자들과 생각을 달리하는 학자들이 있습니다. 오늘 참석하지 않은 이스라엘 핑켈슈타인, 노만 갓월드, 아담 제르탈 같은 학자들이지요. 그러므로 이렇게 오늘 강연자들이 서로 비슷한 견해를 가지고 있기는 하지만, 오늘 참석하지 않아서 자신들의 다른 견해들을 피력하지 못한 다른 학자들도 있음을 염두에 두시기 바랍니다.

빌 [데버], 당신의 말을 듣다보니, 제 생각에는 바룩 할퍼른이 당신과 견해를 달리할 요소들이 많을 줄 알았는데, 제가 할퍼른 옆

THE RISE OF ANCIENT ISRAEL
고대 이스라엘의 기원

에 앉아서 그를 보니 그는 당신의 말에 동의하면서 계속 고개를 끄덕이더군요(웃음). 청중께 묻겠습니다. 만일 여러분 중에 빌 데버의 강연이 설득력이 있다고 생각하시는 분은 손을 들어주세요. 몇 명이나 될까요? (웃음) 그러면 몇 명이나 데버의 강연이 설득력이 없다고 생각하시나요? 글쎄요, 2대 1로 빌의 편이 더 많군요.

저는 오늘 강연자들에게 그들 간의 견해의 차이점이 무엇인지 물어보면서 오늘 토의를 시작하려고 합니다. 좀 구체적으로 물어보겠습니다. 우리 모두 어느 정도는 성경의 내용을 신뢰합니다. 성경은 다윗 시대 이전에는 예루살렘이 정복되지 않았다고 말합니다. 즉 다윗 때에 와서야 예루살렘은 이스라엘의 땅이 된 것이지요. 이는 성경도 어느 정도 사실을 인정하고 있다는 것입니다. 즉, 비록 여호수아서에 이스라엘이 예루살렘을 위한 전쟁에서 승리했다는 기록이 있기는 하지만, 만일 성경의 저자들이 이야기를 만들어낸 것이라면 그들은 예루살렘도 일찍이 정복했다고 말했을 것입니다. 분명 이 예루살렘 전쟁에 대한 전승은 우세한 위치를 차지하지 못했습니다. 그렇다면 왜 성경의 저자들은 다른 도시들에 대해서는 정직하지 못한 기록을 남겼을까요? 저는 일부 학자들처럼 성경을 믿을만 하지 못하다고 치부해버리지는 못하겠습니다. 성경 내에서도 구분을 해야 합니다. 저는 우리의 논의의 중요한 일부분인 메르넵타 석비에 대해 질문을 제기하고자 합니다. 이 석비가 없었다면, 기원전 1200년 이전에는 이스라엘은 존재하지 않았다고 결론내리기가 쉬웠을 것입니다.

카일 [맥카터]은 그가 대학원에 재학중일 때만 해도 메르넵타 석비의 연대가 이스라엘이 가나안에 들어왔을 가장 늦은 연대로 알려졌었다고 말했습니다. 이제 이것은 더 이상 사실이 아닙니다. 이스라엘은 기원전 1200년경에 비로소 등장하기 시작했지요. 고고학적으로 이 새로운 사람들은 기원전 1200년경부터 등장했

THE RISE OF ANCIENT ISRAEL
패널토의

는데, 이집트의 석비는 그 땅에 이미 이스라엘이라고 불리는 사람들이 있었다고 보고해주는 상황인 것이지요. 하지만 카일은 이 사람들은 우리가 나중에 알게 된 이스라엘이 아니고 다른 종류의 사람들이라고 말했습니다. 저는 이 사람들이 무엇으로 구별될 수 있는지 알고 싶습니다. 종교일까요? 무엇이 그들의 민족정체성을 구별지었을까요? 앞에서 말한 옷 입는 방식, 음식, 종교 등 여러 다른 특징들이 있었습니다. 이 이론에 의하면 이스라엘은 두 부류가 있었는데요, 하나는 메르넵타 이전의 이스라엘이고, 다른 하나는 고고학적 자료들이 입증해주는 철기시대 이후의 이스라엘입니다. 저는 여기서 말을 마치고 오늘 강연자들에게 말할 기회를 드리겠습니다. 그리고 그들 사이에 어떤 견해의 차이가 있는지 보겠습니다.

윌리엄 데버 제가 바로 답을 해야겠네요. 허셸은 있지도 않은 문제를 만들어냈습니다(웃음). 그러므로 쉽게 답을 줄 수가 있지요.
우리는 지나치게 정확하게 연대를 밝히려고 노력하는 경향이 있습니다. 우리가 기원전 1200년경이라고 말하면, 그건 말 그대로입니다. 제 생각에 허셸과 카일 둘 다 이 문제에서 쉽게 벗어날 수 있을 것입니다. 왜냐하면 이 정착지들 중에서 이른 것들은 기원전 1230년 또는 1225년에 세워진 것들이기 때문입니다. 모든 고고학자들이 이에 동의할 것입니다. 도자기들은 여전히 기원전 13세기 청동기 후기의 전통을 이어가고 있습니다. 심지어 미케네 문명의 IIIB 형태의 도자기들도 발견되었지요. 그러므로 우리가 기원전 1200년경이라고 할 때, 그 말을 지나치게 정확한 것으로 받아들이면 안 됩니다. 사실 메르넵타 당시 이스라엘인들이 이미 정착한지 20년에서 30년가량 지났다고 주장하는 데에 고고학적으로 아무런 문제가 없습니다. 이정도면 그들이 정착해서 앞에서 말한 민족적

THE RISE OF ANCIENT ISRAEL

고대 이스라엘의 기원

경계짓기를 하기에 충분한 시간입니다. 그만큼 오랜 시간이지요. 그러므로 허셜이 제기한 문제는 단순히 어의의 문제입니다. 쉽게 해결될 수 있지요.

섕크스 어떻게 말인가요?(웃음)

데버 두 이스라엘이 있는 것이 아닙니다. 이스라엘은 오직 하나입니다. 이스라엘의 정착시기를 조금만 앞당겨도 이러한 발전이 일어나기에 충분한 시간적 여유가 생깁니다. 그렇게 연대에 대해 압박감을 가질 필요는 없습니다.

카일 맥카터 이제 우리 모두가 동의할 만한 것을 말해보겠는데요 (웃음), 그런데 핵심은 이스라엘에 속한 사람들의 수가 점점 많아졌다는 것이지요. 이스라엘 사람들이 이주해 온 것이 아닙니다. 저는 두 이스라엘이 있었다고 말하는 것이 아닙니다. 절대 아니지요. 적은 수의 집단으로부터 시작된 것입니다. 제 말은 이스라엘이라는 소수의 집단이 있었는데요, 문제는……

섕크스 그들이 어디에 있었지요? 도시에 있었나요?

맥카터 아니요, 산지에 있었습니다.

데버 그들 중 일부는 초기의 새로운 마을들에 살았지요.

맥카터 옳습니다. 우리가 더 연구해야 하고 이해해야 할 문제는 이전에는 이스라엘인이 아니었던 사람들이 어떠한 과정을 거쳐 이스라엘인이 되었냐 하는 것입니다.

THE RISE OF ANCIENT ISRAEL

패널토의

　데버 정확한 표현입니다.

　맥카터 이게 바로 민족적 정체성의 확립과정입니다. 우리 분야에서는 거의 다루어지지 않던 문제이지요. 그러나 다른 학문에서는 많이 이야기되는 주제입니다. 우리는 폴 랩스(Paul Lapps)와 다른 학자들에게서 민족 정체성을 발전시키고 유지하기 위해 어떠한 과정이 필요한지를 배워야 합니다.

　데버 그러나 우리 고고학자들도 인지하고 있듯이, 어려운 문제는 고고학 기록에 나타난 문질문화를 통하여 어떻게 민족을 구별하느냐 하는 것입니다. 어떠한 특징적인 행동양식이 고고학 유물에 남을까요? 가옥의 형태 같은 것들은 고고학적으로 알 수 있고 이는 사회구조나 가족의 형태가 어떠했는지 정보를 줍니다. 다른 것들은 고고학적으로 잘 보존되지 않는데 특히 안타깝게도 종교적 행동양식이 그렇습니다. 산간지대 이스라엘인들의 거주지에서 그들의 종교에 대해 알 수 있을 만한 유적이 별로 발견되지 않았습니다. 그렇다고 종교가 그들의 삶에 중요 요소가 아니라는 말은 아닙니다. 저는 종교가 매우 중요한 요소였다고 생각합니다. 그러나 고고학적으로는 이에 대해 말할 수 있는 처지가 아니라는 것이지요. 산당이나 신전이 발견되지 않은 것도 중요합니다. 이는 어쩌면 저 개인적으로 아주 초기부터 존재했다고 생각하는 야훼신앙이 아직 구체화되지 않았음을 의미할 수도 있습니다. 아직 공식적인 제사장도 없었습니다. 예배를 드릴 성소도 없었지요. 만일 평범한 이스라엘인들도 어느 곳에서든 기도를 하고 제사를 바칠 수 있었다면, 이에 대한 기록은 고고학적으로 남지 않겠지요. 고고학의 침묵이 의미가 없는 것은 아닙니다. 허셸이 말하는 것과 같은 사상을 입증할 증거로 사용될 수 없다는 것일 뿐이지요.

THE RISE OF ANCIENT ISRAEL

고대 이스라엘의 기원

맥카터 허셀, 오늘 내가 동의할 수 없는 부분이 하나 있는데, 바룩 할퍼른이 우리 분야에서 자주 다루어지는 아주 중요한 내용을 말한 것이 있는데, 나는 이것이 소수의 견해라고 생각합니다. 제가 설명을 좀 하겠습니다. 바로 아피루에 대한 문제입니다. 아피루가 어떠한 사람들입니까? 오랫동안 널리 알려졌던 이론이 바로 아피루를 히브리(ivrim)와 관련짓는 것입니다. 이 둘은 같은 단어로 생각되어 왔습니다. 원래 사회적 집단을 가리키던 아피루라는 단어가 "히브리"라는 민족적 용어가 되었다는 것입니다. 저는 이 주장이 옳지 않다고 생각합니다. 증거들을 보면 그렇지 않다는 것을 알 수 있지요. 바룩이 말한 것을 듣다보니, 그는 이 주장이 옳다고 생각하는 듯합니다.

저는 아피루 현상을 통하여 우리가 초기 이스라엘에 대해 많은 것을 알게 되었음에 동의합니다. 그렇다고 해서 아피루와 히브리가 같은 단어라는 것은 아닙니다. 좀 더 설명하겠습니다. 우리가 아는 한, 아피루는 매우 광범위하게 사용되던 단어입니다. 이는 단지 이집트어가 아닙니다. 사실 이 단어는 간접적으로만 이집트어 단어입니다. 본래 이 단어는 메소포타미아에서도 사용되던 북서 셈어 단어입니다. 이 단어는 다른 사람에게 예속관계에 있는 누구에게나 적용되는 것이었습니다. 아피루는 무언가를 위하여 고용된 사람입니다. 군사적으로, 집안일로, 또는 다른 어떠한 종류의 일도 마찬가지입니다. 그러나 그 단어의 어근적 의미는 예속관계를 의미하는 것이지요.

기원전 이천년대에 한때 아피루라는 단어와 신의 이름을 포함한 인명들이 많이 사용되었습니다. 예를 들어, 아피르-다간(Apir-dagan)이라는 이름은 다간 신의 부하라는 의미를 가집니다. 아피루는 예속인들이었습니다. 이 단어는 주로 하층민들, 스스로를 다른 사람에게 팔아넘기는 용병들과 같은 사람들을 가리키는 좋지

THE RISE OF ANCIENT ISRAEL

패널 토의

않은 의미를 담고 있었습니다. 그렇다고 이게 꼭 나쁜 것은 아닙니다. 비록 제 동료들이나 여러분들에게 고지식하게 들릴지 모르겠지만, 저는 "히브리"라는 단어의 어근은 분명하다고 생각합니다.

성경의 전승은 일관되게 "히브리"라는 용어는 민족을 지칭하는 것임을 분명히 하고 있습니다. 브네 이스라엘(이스라엘인들)이라는 말은 민족, 국가, 정치적 용도로 사용될 수 있지만, 이브림(히브리)은 성경에서 항상 민족을 지칭하는 용어입니다. 이스라엘인들은 자신들을 가리켜 민족적으로 가나안인들이 아님을 강조합니다. 자신들은 메소포타미아에서, 유프라테스강 건너편에서 왔다고 주장하지요. "trans"라는 말은 히브리어에서 "에베르"로 표현할 수 있습니다. 19세기에 성서학자들은 "히브리"라는 말이 바로 이 "에베르"(건너서, 가로질러)에서 왔다고 생각했습니다. 즉, 이 사람들은 이곳 출신이 아닌, 저쪽 건너편에서 왔다는 말입니다. 저는 이 주장이 여전히 옳다고 생각합니다. 지금부터 백년 전 학자들이 이 문제에 대해서는 더 옳았던 것이지요. 히브리를 아피루와 연결시키는 것은 재치있는 생각이지만 옳은 것은 아닙니다. 아피루가 아닌 하비루(Habiru)라고 읽곤 했을 때는 아인, 페, 레쉬 대신에 아인, 벧, 레쉬이기 때문에 히브리와 더 들어맞는다고 생각했겠지만, 어쨌거나 저는 이것이 틀렸다고 봅니다. 자 이제 제가 왜 틀렸는지 말씀 좀 해주시지요(웃음).

바룩 할퍼른 저도 동의하는데요(웃음).

맥카터 그건 자네가 아까 한 말이 아닌데……

할퍼른 사실, 제 말은 카일이 말한 것이 부분적으로 옳다는 말입니다. 아피루는 기원전 이천년대에 사용되던 그런 민족적 용어가

THE RISE OF ANCIENT ISRAEL

고대 이스라엘의 기원

아닙니다. 이브리(히브리)는 성경에서 민족적 용어입니다(이 단어는 성경 이외에는 등장하지 않습니다.). 성경에서 이브리는 커다란 집단의 사람들에게 사용되고 있습니다. 그들은 모두 성경의 족보에서 에베르(창세기 10:24)라는 시조의 후손들입니다. 여기에는 예멘에서 중앙 시리아, 그리고 유프라테스의 사람들까지 포함됩니다. 이게 민족 공동체입니까, 아닙니까? 만일 이게 민족 공동체라면 오직 성경에서만 그렇게 등장하는데, 이는 실제로가 아닌 단순히 관념적으로만 민족 공동체입니다. 민족이란 마음속에 있는 것이지요. 하나의 관념일 뿐입니다. 오직 이스라엘인들의 관념 속에서만 이들이 한 민족 공동체입니다.

이 민족 공동체의 이름이 "예속관계"를 의미하는 단어에서 온 것일까요? (저는 꼭 이 단어의 의미가 그러한 것이라고 생각하지 않습니다. 기원전 이천년대 하반기에 아카드어 문서에서는 이 단어는 주로 도적들을 의미했습니다.) 둘째로, 이 단어는 그들의 혈연관계에서 단절되어 다른 사람들을 위해 일하던 사람들에게 적용되었습니다. 진짜 문제는 어떻게 사회적 지위와 관련된 단어가 민족 공동체를 지칭하는 단어로 바뀌었느냐 하는 것입니다. 언어학적인 것은 별로 문제가 되지 않습니다. 왜냐하면 "하비루"는 아카드어 음절표현 방식에서 항상 p가 아닌 b로 표기되었기 때문이지요. 아마도 b와 p는 서로 바뀌어 사용될 수 있었나 봅니다.

생크스 여기서 더 이상 깊이 들어가다간 여기 계신 청중들 다 떠나버리시겠습니다(웃음).

할퍼른 더 깊이 들어가려고 한 것은 아닙니다. 어느 쪽을 택할 것인가 하는 문제지요. 이 단어가 본래 민족을 지칭하는 것이었는데 민족 공동체란 것의 특성 때문에 사회학적 용어로 바뀌었으나,

THE RISE OF ANCIENT ISRAEL
패널토의

그럼에도 불구하고 어떤 집단에서는 여전히 민족적 성격을 유지한 것일까요? 아니면 이 단어가 본래 사회학적 용어였으나 일부 사람들과 그들의 생활양식에 적용할 만하기 때문에 특정 민족을 지칭하는 용어가 되었을까요? 아니면 이 둘 사이에 아무런 관계가 없을까요? 저는 단지 이전 학자들이 한 이야기들을 반복했을 뿐입니다. 그리고 이 둘 사이의 관계에 대해 질문을 던지는 것은 매우 타당하다고 생각합니다. 사실 독일의 저명한 학자들도 카일이 지적한 부분에 대해 의견을 피력했었지요.

섕크스 빌[데버]이 카일에게 질문하겠다고 제게 속삭이네요. 그럼 한 번 들어보지요.

데버 카일과 저 사이에는 적어도 약간의 견해 차이가 있습니다. 그나저나 우리는 함께 학교를 다니지 않았습니다. 저는 카일과 바룩 둘의 나이를 합친 것보다 더 나이를 먹었습니다(웃음). 하지만 카일은 종교의 역할을 매우 중요하다고 강조했고, 그는 종교가 이스라엘 사람들을 탄생시켰다고 말했습니다. 저는 그 반대라고 주장합니다. 바로 이스라엘인들이 그들의 종교를 만들어 낸 것이지요.

야훼종교가 등장하기 이전에 이미 민족적 동질감 같은 것이 형성되었을 것입니다. 이 과정이 반드시 종교적이었을 필요는 없습니다. 우리는 자꾸만 성경의 내용들을 생각하기 때문에 종교가 반드시 있어야 할 요소라고 생각하는 경향이 있지요. 유물을 다루는 고고학자이지만 동시에 성경본문을 존중하는 저로서는 이 산간지대 사람들이 가졌던 결속력은 주로 생존을 위한 사회, 경제적 성격의 것이었다고 생각합니다. 야훼신앙은 그 이후에 그들의 경험을 설명하고 합리화하면서 등장하게 되었고, 성경본문과 마찬가

THE RISE OF ANCIENT ISRAEL
고대 이스라엘의 기원

지로 점차로 발전하고 진화해 나간 것이지요. 이를 솔직하게 인정하는 사람들이 있습니다. 하지만 이는 결국 닭이 먼저냐 계란이 먼저냐 하는 논쟁이지요. 이스라엘이 먼저입니까, 야훼종교가 먼저입니까? 근본적으로 닭이 먼저냐 계란이 먼저냐 하는 논쟁은 해결 불가능한 것이라는 점을 염두에 두시기 바랍니다.

섕크스 제가 이 질문을 먼저 한 후에 청중들께도 질문의 기회를 드리겠습니다. 여러분들은 이스라엘인들의 대부분이 청동기 후기의 도시문화권에서 왔다는 데에 동의하는 것 같습니다.

데버 저는 도시문화권에서 왔다고 하지 않겠습니다. 저는 오히려 시골지역 출신이 더 많았다고 생각합니다. 우리 모두가 동의하는 부분은 대부분은 초기 이스라엘인들, 또는 원-이스라엘인들은 토착 가나안인들이었다는 점입니다. 이들이 정확히 가나안 어디에서 왔는지는 알 수 없습니다. 요단 동편도 역시 가나안의 일부임을 기억하시기 바랍니다. 그러므로 그들 중 일부가 요르단 계곡이나 요단 동편에서 왔다고 해도 결국 가나안 출신임에는 변함이 없는 것입니다. 이들이 토착민들이었다는 것은 오늘날 거의 모두가 인정하고 있다고 생각합니다.

할퍼른 그 예외적인 것이 있는데 바로 이스라엘인들이 외부에서 왔다는 전승입니다. 게다가 이스라엘의 초기 시가들에 외국인 혐오사상이 강하게 나타나고 있습니다. 제 결론은 분명 상당수의 이스라엘인들은 가나안 내부출신이지만, 결정적인 유입은 외부에서 이루어졌다는 것입니다. 이에 대해 여러 가지 이유들을 댈 수 있는데요, 그 중 하나는 특히 청동기 후기 말엽 가나안에서 인력이 부족했던 것입니다. 빌이 철기 1기 중앙산간지대에 75,000명 정도

THE RISE OF ANCIENT ISRAEL

패 널 토 의

가 살았다고 했는데, 저는 그 중 30,000에서 50,000정도의 인구가 외부에서 이주해 온 사람들이라고 생각합니다. 이게 바로 제가 이 히브리인들이 시리아에서 내려왔다고 보는 이유입니다.

데버 자, 문제가 있네요, 문제가 있어요. 자네들 둘 다 문제가 있어요. 만일 이스라엘인들이 요단 동편 중앙과 남부에서 왔다고 주장하려면, 문제는 고고학적으로 이를 뒷받침할 증거가 없다는 것입니다. 헤스본, 디본과 같은 성경에 나오는 장소들에서마저 기원전 12세기 이전, 그리고 기원전 11세기의 대부분 이전에는 사람이 살지 않았습니다. 요단 동편 중앙과 남부에서의 수년간의 탐사와 발굴에도 불구하고 이 지역에서는 고고학적으로 찾아낸 것이 없습니다. 그러므로 이스라엘인들이 이 지역에서 왔을 수가 없지요. 그리고 중앙산간지대의 거주지들에서도 요단 동편에서 넘어온 요소들의 흔적이 전혀 없습니다. 이게 바로 이스라엘인들이 외부에서 왔다는 견해의 문제점입니다. 저도 그 견해에 동의하고 싶지만, 고고학적으로 이를 입증할 아무런 자료가 없습니다.

섕크스 하지만 빌, 당신은 야훼신앙이 이 민족 집단들이 형성되기 이전, 청동기 후기에 유다의 남동쪽에서 왔다는 카일의 견해에 동의하지 않았나요?

데버 만일 종교적 전통을 그 지역에서 유래한 것으로 보려면 차라리 철기시대에 일어난 일로 보는 것이 쉽습니다. 왜냐하면 그 때가 사람들이 거주하던 때였거든요. 기원전 13세기에는 요단 동편의 남부는 완전히 공백상태였습니다.

섕크스 그런데 이 모든 사람들이 가나안 토착지역에서 산간지대

THE RISE OF ANCIENT ISRAEL

고대 이스라엘의 기원

로 몰려들었는데, 그들의 종교는 유다의 남동쪽에서 왔다는 것이 좀 이상하지 않나요?

데버 나는 그들 모두가 가나안 토박이들이라고 생각하지 않습니다. 나는 모두가 그렇다고 말한 적이 없어요. 대부분이 그렇다고 말했지요. 야훼신앙은 아마도 중앙 팔레스틴의 외부에서 초기에 도입되었을 것으로 생각합니다. 그러나 정확히 어디서냐 하는 것은 고고학적으로 설명하기 어려운 문제이지요.

맥카터 빌, 당신이 방금 말한 요단 동편이 공백상태였다는 데에 이의가 있습니다.

데버 남부만 말입니다.

맥카터 요단 동편의 북부는 공백상태가 아니었지요?

데버 그 말이 맞습니다.

맥카터 저는 저 아래 헤자즈(Hejaz)지역에 대해 말한 것입니다. 후에 모압이 된 지역에 대해 말한 것이 아니고, 훨씬 남쪽에 대해서 말한 것이지요. 거기는 공백상태가 아니었지요?

데버 문제는 사우디 아라비아 지역에서는 고고학 발굴이 거의 이루어지지 않았다는 것입니다.

맥카터 소위 미디안 문화에 대해서는 어떠한가요?

데버 최근에 도랑들을 파내긴 했지만…… 우리가 가진 것은 도자기 전통들뿐입니다. 기원전 13, 12세기에 들어맞는 도자기 전통이지요.

맥카터 실례지만 다시 말씀해 주시겠습니까?

데버 많은 사람들이 동쪽에서 왔을 것으로 생각하는 색칠된 도자기 전통이…….

맥카터 하지만 그렇다면 아마도 그 도자기를 만든 사람들이 있었겠지요?(웃음)

데버 그렇습니다만 그렇게 많은 사람들이 올 만한 큰 거주지는 없었습니다. 물론 고고학적 주장들이란 증거가 없는 것이 증거가 될 수도 있고, 그러므로 훌륭한 고고학적 이론이 단지 도자기 파편 하나가 발견되어 확 뒤집힐 수도 있지요.

맥카터 저는 단지 제가 마치 이스라엘인들이 그곳에서 왔다고 주장하는 것처럼 오해받지 않기를 바랬을 뿐입니다. 저는 이스라엘의 종교는 그곳과의 접촉을 통해서 왔다고 생각합니다. 그러므로 그곳에 꼭 많은 사람이 거주했을 필요는 없지요.

데버 별로 고고학적으로 흔적을 남기지 않는 유목민들이 이동하면서 그곳에 머물렀을 수 있지요. 그리고 관념들도 그렇게 전해질 수 있구요. 전혀 문제가 없는 주장입니다.

샌크스 빌, 당신이 말했던 철기 1기의 저수지들과 그 중요성에

THE RISE OF ANCIENT ISRAEL
고대 이스라엘의 기원

대해 질문이 있는데요, 최근의 주장에 의하면, 저수지들은 그보다 훨씬 이전부터 있어 왔고, 산간지대에서는 매우 적은 숫자의 저수지들이 발견된다고 하는데요. 사실 목깃이 달린 항아리는 우물에서 집까지 물을 나르기 위한 것이었잖습니까?

    데버 글쎄요, 그게 사실이라면 저는 요크의 대주교(the archbishop of York)입니다. 저는 절대로 이를 입증할 수 없다고 생각합니다. 사실 그 이전에도 저수지들이 있었으나, 절대로 흔하지는 않았습니다. 그리고 그것들은 기술혁명의 일환으로 여겨지지도 않았구요. 그러나 철기시대 산간마을에서는 저수지가 절대적으로 필수적 요소였습니다. 물을 담아둘 시설이 없으면 산지에서 살아갈 수가 없지요. 그래서 그들은 초기 이스라엘의 마을들을 형성해 가면서 발달된 형태의 저수지들을 만들었던 것입니다. 그 이전에 저수지가 없었다는 것이 아닙니다. 물론 있었지요. 올브라이트는 이 점에서 틀렸습니다. 이 300여 개의 거주지들에서 저수지가 없었다는 말이 좀 이상하지 않습니까? 이는 지표조사의 결과이기 때문입니다. 발굴이 아니란 말이지요. 지표면을 걸어다니면서 저수지의 흔적을 찾을 수 있겠습니까? 그리고 발견한다하더라도 그 연대를 측정할 수는 없을 것입니다. 직접 발굴을 해서 지층과 비교를 해 봐야 알 수 있는 것이지요. 라다나, 아이 같이 이미 발굴된 장소들에서는 저수지가 사용되었음이 밝혀졌습니다. 그러므로 산간지대에서 저수지가 거의 발견되지 않는다는 것은 틀린 주장입니다.

    목깃이 달린 저장용 단지들이 물을 길어오기 위한 것이라는 주장은 가능한 이야기입니다만, 작은 나귀가 이 거대한 단지 두 개에 물을 가득 실어 등에 메고 온다는 것이 쉬운 일일까요? 물의 무게가 100킬로그램이나 나갈텐데요. 그러한 방식으로 물을 나르지

THE RISE OF ANCIENT ISRAEL

패 널 토 의

는 않았을 것입니다. 그리고 만일 우물이 근처에 있고, 저수지가 있다면 이러한 방식이 필요하지 않았겠지요. 이 단지들은 아마도 여러 가지 용도로 사용되었을 것이지만, 무언가를 옮기는 것보다는 저장하는 용도로 사용되었을 가능성이 더 큽니다.

섕크스 자, 이제 청중들의 의견도 들어볼까요?

> 오늘 강연자께서 예로 보여주신 문서가 좀 혼란스러운데요, 좀 설명을 해주시겠습니까? 오늘 본 것은 가나안 문서인데 마치 로마 글자처럼 왼쪽에서 오른쪽으로 기록되어 있었습니다. 그와 동시에 이스라엘인들은 같은 가나안 땅에서 오른쪽에서 왼쪽으로 쓰는 기록체계를 만들어가고 있었단 말입니까? 그게 제 딜레마인데요.

맥카터 알파벳은 오늘 우리가 말하던 지역에서 기원전 약 이천 년대 중반에 발명되었습니다. 그러므로 오늘 화면에서 보신 알파벳은 그 이전에 수 세기의 전통이 있었던 것이지요. 알파벳이 처음 고안되었을 때, 문자들은 소위 좌우교호서법(boustrophedon)이라고 불리는 방식으로 왼쪽에서 오른쪽, 그 다음 줄은 오른쪽에서 왼쪽, 또는 위에서 아래로 등 자유롭게 기록되었습니다. 이즈벳 사르타에서 발견된 이 알파벳 문서가 발견되었을 당시에는 보시다시피 왼쪽에서 오른쪽으로 기록할 수도 있었습니다. 물론 오른쪽에서 왼쪽으로 기록하는 것도 가능했었지요.

> 히브리어 알파벳하고는 어떠한 상관이 있습니까?

맥카터 모든 알파벳은 기원전 약 이천년대 중반에 시리아-팔레스틴 지역에서 발명된 알파벳의 후손이라고 볼 수 있습니다. 이즈

THE RISE OF ANCIENT ISRAEL
고대 이스라엘의 기원

벳 사르타에서 나온 오스트라콘(도자기 파편에 글을 쓴 것)은 소위 고(古)가나안 알파벳으로, 알파벳의 가장 초기형태입니다. 별로 많은 기록들이 전해오지 않고 있기 때문에 우리가 현재 알고 있는 것보다는 더 복잡했을 것입니다. 철기시대, 보다 구체적으로 철기 2기에 들어서면...... 기원전 일천년대에 들어서면, 이스라엘, 모압, 암몬, 블레셋, 페니키아 등 국가들이 형성되게 되는데, 이 국가들은 알파벳을 자신들의 국가의 글자체로 특성화시키는 경향이 있었습니다. 마치 그들의 언어가 그들 고유의 언어로 발전하고, 그들의 종교가 국가의 신을 섬기는 국가적 종교로 발전했듯이 말입니다. 그 당시 히브리어 알파벳도 고유의 형태로 발전했으나, 이즈벳 사르타의 것은 히브리어 문자인지 아니면 페니키아 문자인지를 구별하기엔 너무 이릅니다. 단순히 북서셈어 알파벳이라고 부르는 것이 낫겠습니다. 사실 텔 게제르(Tell Gezer)에서 발견된 그 유명한 기원전 10세기의 게제르 달력도 히브리어 비문으로 여겨져 왔지만, 이를 히브리어 알파벳이라고 부르는 것은 정확하지 않습니다. 너무 이르기 때문이지요. 기원전 10세기는 아직 이것이 다른 나라들의 문자와 확연히 구별되는 히브리어 문자라고 하기엔 너무 이릅니다.

> 데버 교수님, 교수님께서는 원-이스라엘인들이 메르넵타 석비가 기록될 당시까지 약 300여 개의 대가족 중심의 거주지의 형태로 정착을 했다고 주장하신 것 같은데요, 어떻게 그들이 이스라엘인인지 알 수 있을까요?

데버 아주 근본적인 질문입니다. 두 가지를 제시하겠습니다. 첫째는 그 당시까지 거슬러 가는 성경본문전통 그 자체입니다. 그러나 이 원-이스라엘은 나중에 왕정시대의 "모든" 이스라엘과 동일

THE RISE OF ANCIENT ISRAEL
패널토의

한 것이 아님을 저는 강조했습니다. 이들은 후대 이스라엘인들의 선조격이라고……

> 그러면 이집트의 서기관이 메르넵타 석비에 "이스라엘은 멸망했고, 그들의 후손은 이제 존재하지 않는다"고 기록했을 때, 그는 도대체 어떤 사람들을 염두에 둔 것입니까?

데버 그게 두 번째 것입니다. 바로 메르넵타 석비이지요. 이스라엘을 언급하는 메르넵타 석비가 없었다면 제가 그러한 민족적 용어를 사용하지 않았을 것입니다. 그렇게 오래 전에 기록된 성경본문이 있는지는 의심스럽지만 다행히도 우리는 이 석비를 가지고 있습니다. 이집트 학자들과 대부분의 역사가들은 그 의미를 분명히 이해하고 있습니다. 일부 학자들이 말하듯이 그 비문은 판독하기 어렵다거나, 이스라엘이란 언급이 어디에 나타나는지 모른다는 등의 주장은 우스운 것입니다. 우리는 알고 있습니다. 그리고 그 연대도 분명하지요. 천문학적으로도 확정되었구요. 그러므로 이 석비는 우리로 하여금 이 산간지대의 사람들을 이스라엘 또는 원-이스라엘이라고 부를 수 있게 해주는 한없이 소중한 증거입니다.

> 그렇게 이른 시기에 그들이 이미 널리 알려져 있었고, 그들 스스로도 자신들을 이스라엘 사람들이라고 불렀다는 말씀이신가요?

데버 바로 그렇습니다. 그것이 바로 일종의 보증인 셈이죠. 만일 그들이 자신들을 이스라엘인들이라고 불렀다면, 우리도 그렇게 부르지 못할 이유가 없습니다.

THE RISE OF ANCIENT ISRAEL

고대 이스라엘의 기원

> 제 말은 다른 사람들이 그들을 그 밖에 어떠한 다른 이름으로 부르지 않았는가 하는 것입니다. 이 명칭은 아주 흔한 것은 아니었지요?

데버 흔한 명칭은 아닙니다. 하지만 이집트인들이 그들을 알고, 또 그러한 명칭으로 부를 만큼 정도는 알려져 있던 이름입니다. 우리는 이집트의 기록들을 통하여 그들이 팔레스틴에 대해 많은 정보를 가지고 있었음을 알고 있습니다. 그러므로 우리가 "이스라엘"이라는 명칭을 사용하는 데 문제는 없을 것입니다. 하지만 저는 이를 인용부호를 사용하여 표현하는데, 그 이유는 더 확실한 증거들이 나올 때까지 좀 더 신중을 기하기 위해서입니다. 그러나 고고학 연구들로부터 증거들이 속속 나오고 있습니다.

> 데버 교수님께 다시 질문인데요, 만일 메르넵타 석비 당시에 이스라엘이 단지 산지 사람들의 모임이었다면, 왜 이집트의 위대한 왕인 메르넵타가 공들여서 "이스라엘의 후손은 멸망했다"고 기록을 했는지 의문입니다. 아마도 이스라엘에게는 당시 이집트의 파라오가 강조하고 싶은 무언가가 있었던 것이 아닐까요? 파라오가 그들을 멸망시켰다고 말할 만큼 말이지요.
> 제 두 번째 질문은 오늘 강연자들 모두가 기존의 연대를 받아들이는 것 같은데요, 기존의 연대에 대한 학문적 혼란은 없습니까? 의문이 제기되고 있나요?

데버 둘 다 좋은 질문들입니다. 후자의 질문의 경우, 역사가들 사이에 약간의 논쟁이 있습니다. 특히 이집트 학자들과 팔레스틴 고고학자들 사이에서 말입니다. 그러나 20년 이상의 오차는 없습니다. 그래서 메르넵타 석비가 기원전 1230년경의 것으로 여겨져

THE RISE OF ANCIENT ISRAEL
패 널 토 의

왔던 것입니다. 오늘날은 기원전 1207년으로 보고 있지요. 20년의 오차는 별로 큰 것이 아닙니다. 그게 전부입니다. 오차를 20년 미만으로 줄였지요. 그 이상의 연대에 관한 문제는 없습니다. 그 정도로 정확하게 연대를 말할 수 있게 되었습니다. 그러므로 연대의 문제는 별로 중요한 것이 아니며, 우리의 논의에 있어서 큰 차이점을 만드는 것도 아닙니다.

첫 번째 질문은 석비의 비문에 관한 것인데요, 우리는 오늘 그 석비의 비문 전체를 읽지는 않았습니다만, 다 읽었어야 했지요. 왜냐하면 이스라엘은 이 비문에서 정복당한 유일한 국가가 아니라, 여럿 중의 하나이니까요. 전체 비문에서 이에 관련된 부분은 이렇습니다. "가나안은 약탈당하고 각종 재난을 맞이하였다.

아스켈론(Ashkelon)은 정복되었다.

게제르(Gezer)는 함락되었다.

야노암(Yanoam)은 더 이상 존재하지 않는다.

이스라엘은 황폐해졌다. 이스라엘의 후예는 이제 없다."

그러므로 이스라엘만 특별히 언급된 것이 아닙니다. 그 반대이지요.

할퍼른 제 의견은 다른데요, 왜냐하면 조금 전에 읽지 않은 부분 중에 바로 이어지는 내용이 "후루(Hurru)는 이집트에게 과부가 되었다"라는 것이 있기 때문입니다. 이 부분은 "이스라엘은 황폐해졌다. 이스라엘의 후예는 이제 없다"는 내용과 대구를 이루고 있지요. 수태를 시킬 이스라엘이 없어졌으므로, 후루가 이집트에게 과부가 되었다는 것입니다. 후루는 가나안을 가리키는 일반적 용어입니다. 이는 많은 이스라엘인들이 가나안의 산간지대에 들어가서 그 지역을 풍성하게 하는 모습을 연상시킵니다. 이 의미에서 뿐만 아니라, 이스라엘이라는 명칭에 붙은 한정사가 다르다는

THE RISE OF ANCIENT ISRAEL
고대 이스라엘의 기원

점에서도 이스라엘은 이 비문에서 독특한 위치를 차지하고 있다고 생각합니다. 그렇다고 이스라엘이 여기에 언급된 다른 국가들보다 더 정치적으로 중요하다는 것은 아닙니다. 단지 일반적이지 않은, 의외의 현상일 뿐이지요.

섕크스 바룩, 내가 질문하신 분을 제대로 이해했다면, 그분이 알고 싶으신 것은 왜 겨우 시골의 농사꾼들이 이집트의 파라오에게 그렇게 중요했느냐는 것인데요?

할퍼른 왜냐하면 파라오가 그들을 정복할 수 있었으니까요(웃음).

데버 샤수도 언급되었습니다. 왜 요단 동편의 별 볼일 없는 양치기들이 언급되고 있냐구요? 그런데 이집트인들은 그들에 대해 언급했습니다. 또 하나 생각할 점이 있습니다. 어느 비문이든 그 비문에 적힌 말들의 역사성에 대해 의심을 할 수 있습니다. 아마 메르넵타 비문도 전형적인 이집트인들의 자랑섞인 허풍이거나, 아니면 진짜이거나 둘 중 하나겠지요. 예를 들어 게제르에서 파괴의 지층을 찾아냈습니다. 성경에는 이스라엘인들, 아니면 시피플, 아니면 블레셋인들이 게제르를 파괴했다는 기록이 없습니다. 몇 해 전에 우리는 메르넵타는 자랑으로 허풍을 떠는 것이 아니었음을 보여주는 증거들을 찾아서 학술지에 발표했습니다. 실제로 게제르는 기원전 1200년 이전에 파괴되었습니다. 아스겔론에서도 발굴이 진행되고 있는데요, 발굴자인 래리 스테이거(Larry Stager)는 메르넵타가 파괴한 흔적을 찾았다고 믿고 있습니다. 아마도 메르넵타 비문은 단지 허풍이 아니었던 것 같습니다.

THE RISE OF ANCIENT ISRAEL
패 널 토 의

할퍼른 맞습니다. 아스겔론에는 이에 대한 증거가 분명 있지요.

> 강연자 여러분들 모두께 질문이 있습니다. 일부 팔레스타인 지도자들은 그들이 이스라엘인들, 즉 히브리인들 이전에 가나안에 있던 사람들의 후손이기 때문에 이스라엘 영토, 또는 팔레스틴 땅에 대한 소유권을 강하게 주장하고 있습니다. 여러분들의 연구가 이 주장을 뒷받침하는지, 아니면 이 주장에 상반되는지, 아니면 이와는 아무 관련이 없는지 말씀해 주시겠습니까?

데버 이러다가 비행기 놓치겠는데요(웃음). 기본적으로 우리는 골동품 수집가와 마찬가지입니다. 현대 중동의 문제에는 전문가들이 아니지요. 저는 그곳에서 12년을 살았습니다. 거의 아는 것이 없다고 봐야지요. 하지만 그곳에 3주간 여행을 다녀온 사람에게 물어보세요. 모르는 게 없을 것입니다(웃음). 아니면 부시 대통령한테 물어보시던가요. 그는 많은 것을 알고 있는 것 같던데요(웃음). 하지만 이는 모두 사실이 아닙니다. 농담조로 말하려던 것은 아니었지만, 사실 확실하게 말할 수 있는 것은 오늘날 그 지역의 사람들은 오랜 기간에 걸쳐 문화적, 민족적, 인종적으로 혼합되어버렸기 때문에 어느 누구도 그러한 역사적 주장을 한다면 이는 말이 안 되는 것입니다.

할퍼른 그 땅에 누구보다도 먼저 존재했었다고 감히 주장할 수 있는 사람은 크로마뇽인들밖에 없습니다(웃음). 그 이후, 빌이 말한 과정이 시작될 때쯤 그들은 네안데르탈인들과 혼인을 통해 섞여버렸지요.

맥카터 기억해야 할 것은 유대인뿐만 아니라 그 지역의 이슬람

THE RISE OF ANCIENT ISRAEL
고대 이스라엘의 기원

사람들도 아브라함 이야기와 연관된 오랜 전통을 가지고 있다는 것입니다. 이 둘의 주장이 모두 아브라함 전승에 바탕을 두고 있지요. 이게 바로 종교적 전승의 특징입니다. 우리가 연구는 할 수 있지만, 그 가치를 평가하거나 어느 편을 들 수는 없는 것이지요. 팔레스타인 사람들이 이보다 더 과격한 주장을 할 때 그들이 종종 내세우는 것은 유대교와 마찬가지로 이슬람도 아브라함 종교라는 것입니다. 그러므로 팔레스타인의 입장에서 보면, 그들은 이스마엘에게 속한 그 땅에 대한 고대로부터 내려오는 확고한 권리가 있습니다. 마찬가지로, 유대인들도 이삭과 야곱에게 속한 그 땅에 대한 권리가 있는 것이지요. 이는 여러분들이 깨닫고 존중해 줄 만한 가치가 있는 것입니다. 사람들이 오랜 전통의 권리를 가지고 서로의 전통을 이해하면 좋겠습니다. 하지만, 이는 그 지역의 상황이 얼마나 해결하기 어렵고, 왜 그렇게 서로 간의 갈등의 골이 깊으며, 서로의 입장이 그렇게 진지한지 여러분의 이해를 좀 도울 수 있을 것입니다.

데버 고고학에 대해 한 마디만 하겠습니다. 불행히도 고고학은 중동의 정치적 분쟁과 연관되기 일쑤입니다. 우리 대부분은 이를 피하려고 노력합니다. 특히 이스라엘과 요르단 모두에서 일하는 우리 미국인들은 더욱 그렇지요. 제 제자들도 이스라엘과 요르단 모두에서 일하고 있습니다. 그래서 저는 무척 조심스럽습니다. 고고학적 증거들을 민족적 이익을 위하여 남용하기 쉬우나, 이는 무척 위험한 발상입니다. 민족주의와 종교의 조합, 고고학을 위해서 중동에서 펼치는 극단주의…… 아, 나치가 고고학의 이름으로 행한 일을 생각해 보세요. 극단적 문화우월주의 말입니다. 모두 아주 위험한 사상들입니다.

THE RISE OF ANCIENT ISRAEL

패널토의

섕크스 자, 마지막 질문입니다. 말씀하세요.

> 지난 10년간 많은 것이 변했습니다. 제가 얼마 전에 오늘의 주제에 대한 책을 읽었는데, 그 책은 아브라함이 역사적 인물이라고 주장했습니다. 교수님은 이브림(ivrim)은 히브리라는 말의 어원이 아니고, "건너서, 저쪽에서 온"을 의미하는 에베르가 어원이라고 말씀하셨는데요, 이 단어가 발음상 비슷한 아브라함하고 관련이 있습니까?

맥카터 비록 영어로 아브라함과 에베르는 발음상 비슷하게 들릴지 모르지만, 실제로는 아주 다른 단어들입니다. 고대의 히브리어에서는 완전히 다른 자음들로 구성되어 있는 단어들이지요. 그러므로 아브라함은 히브리하고는 관련이 없습니다. 불가능합니다.

섕크스 여러분은 아주 훌륭한 청중이었습니다. 오늘 하루 종일 저희와 함께 해 주셨습니다. 여러분들도 저희만큼 오늘의 시간이 즐거우셨기를 바랍니다. 감사합니다.